名师名校名校长

凝聚名师共识
回应名师关怀
打造名师品牌
培育名师群体

顾明远题

寻根问祖

深圳祠堂掠影

张迁 吴 磊 / 主编

中国文联出版社

图书在版编目（CIP）数据

寻根问祖：深圳祠堂掠影/张迁，吴磊主编. —
北京：中国文联出版社，2022.5
ISBN 978-7-5190-4863-1

Ⅰ.①寻… Ⅱ.①张… ②吴… Ⅲ.①祠堂—介绍—
深圳 Ⅳ.①K928.75

中国版本图书馆CIP数据核字（2022）第080969号

编　　者　张　迁　吴　磊
责任编辑　刘　旭
责任校对　刘秋燕
装帧设计　刘贝贝　李　娜

出版发行　中国文联出版社有限公司
社　　址　北京市朝阳区农展馆南里10号　　邮编　100125
电　　话　010-85923025（发行部）　010-85923091（总编室）
经　　销　全国新华书店等
印　　刷　北京四海锦诚印刷技术有限公司

开　　本　710毫米×1000毫米　　1/16
印　　张　12.75
字　　数　200千字
版　　次　2022年5月第1版第1次印刷
定　　价　68.00元

师生田野调查剪影

吴磊老师与学生一起购买祠堂相关书籍

师生共同进行祠堂知识的普及学习

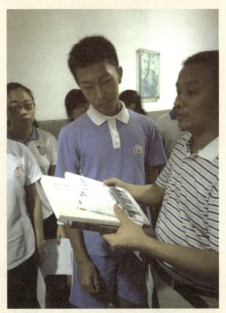

张迁老师指导学生做好祠堂调查文献阅读

吴磊、张迁等老师指导的祠堂探究性市级课题结题

荣誉证书
Certificate of Honor

福田区红岭中学张紫旭同学：

在 2015 年度中小学生探究性小课题优秀成果奖评选活动中，您的团队研究项目《深圳城中村祠堂现状调查》荣获壹等奖。

指导教师：吴磊、张迁、双学铎、尹凤

课题组成员：李江涛、吴竟、袁之敬、朱原庆、何子彦、卢泽嘉、肖凡喆、吴思昳、陈嘉柔

特颁此证，以资鼓励。

深圳市教育科学研究院
二〇一七年五月

吴磊、张迁等老师指导的祠堂课题获深圳市一等奖

吴磊、张迁老师在光明翠崖黄公祠实地考察

张迁老师带学生在龙华考察

张迁老师带学生在南头兴国公文氏祠及附近考察

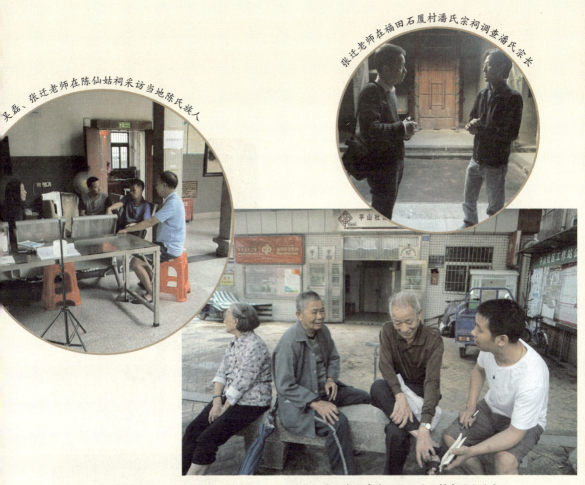

吴磊、张迁老师在陈仙姑祠采访当地陈氏族人

张迁老师在福田石厦村潘氏宗祠调查潘氏宗长

张迁老师在南山西丽平山村走访当地老人

祠堂探究性课题结题会上学生总结发言

黎佳烨同学走访调查龙岗鹤湖新居

刘百荷同学与家长在宝安区沙井街道新桥社区曾氏大宗祠

应华章同学在考察墩头村吴氏宗祠

王浩涛、李润怡、李宗欣、陈禹漾等同学在宝安区的凤凰文氏宗祠调查

王剑辉、柳铭坤、林士杰同学
在福田皇岗庄氏祠堂调查

陈用泉、康龙滕、刘洋林同学
在南山区升平里15号郑氏祠堂考察

雷臻、叶文雅等同学在宝安考察江氏大宗祠

刘淼、吕阳、程冠伟、苏浩晨等同学
在罗湖区湖贝村怀月张公祠考察

应海晴同学在南山大新村吴氏宗祠考察

第二实验学校高一（1）班 张琪、冯朗舒、彭逸同学在罗湖黄贝岭张氏宗祠考察

附表2: 调查图片登记表

分类	分类号	图片编号	说明文
A、祠堂面貌	A-1 全貌	A-1-1	
		A-1-2	
	A-2 祠堂与行政区划的关系	A-2-1	
		A-2-2	
	A-3 重要公共空间	A-3-1	
		A-3-2	
	A-4 自然特色	A-4-1	
		A-4-2	
B、历史见证	B-1 祠堂的历史见证	B-1-1	
		B-1-2	
	B-2 家族的历史见证	B-2-1	
		B-2-2	
	B-3 文献	B-3-1	
		B-3-2	
	B-4 其他有年款的遗存	B-4-1	
		B-4-2	
C、礼俗生活	C-1 日常场景布置	C-1-1	
		C-1-2	
	C-2 礼俗生活场景	C-2-1	
		C-2-2	
D、人物	历史上对本族有贡献或影响的人物	D-1	
		D-2	
		D-3	
E、现状	近年来祠堂的新变化	E-1	
		E-2	

祠堂调查——简氏祠堂调查报告

G104小组：聂铭萱　龚乔　詹佳惠　钟家玉　黄栩　陈晓彤

	分类	图片	说明	备注
A 祠堂面貌	全貌①		简氏宗祠坐落于新洲祠堂村，为三三进三间二天井，带两侧廊房的砖、木、石建筑结构。面阔12.65米，进深32.05米，占地面积405平方米。祠堂的建筑主体为砖木结构，四周墙体用青砖砌筑，清水墙外墙面，镬筒灰瓦屋面，绿琉璃瓦剪边。正脊平直，中段绘有龙鱼、狮、鸳鸯等彩色图案，两端做雕博古饰，各有一彩色陶制鳌鱼，尾部上翘。垂脊的下部各有一黄色琉璃狮子作装饰。两侧山墙有博风灰塑。	该祠堂不对外开放
A	全貌②		周围都拆了旧农舍，盖了数十层的新楼房，红了芭蕉绿了樱桃几度春秋，简氏祠堂却一直没有移离自己在民国乃至是清朝时就位处之地，始终作为一种宗族精神的地标。	
A	祠堂与行政区划的关系①		同堂位于新洲路与新洲二街之间的新洲六街。	
A	祠堂与行政区划的关系②		新洲六街路牌。	

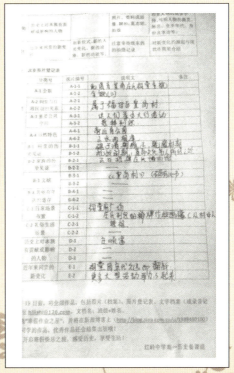

师生田野调查原始资料

序言

寻根宗祠文化　传承家国情怀

——写在《深圳祠堂掠影》出版之际

《粤港澳大湾区发展规划纲要》中明确要"共建人文湾区"，包括"中华优秀传统文化传承发展""文化遗产保护"等，祠堂作为传统社会中最重要的祭祀建筑，是传统社会文化精神的物质表现形式，蕴含着丰厚的历史文化价值。充分挖掘和利用深圳祠堂文化丰富的资源，可以激发文化创新活力，弘扬家国情怀，展示体现中国特色社会主义制度优越性的城市人文之光。

在深圳经济特区这样一个现代化的城市里，遍布着传统农业社会留下的大量祠堂，它既是深圳原住民的记忆之根，也是深圳文化的宝贵遗产。人们常用"创意之都，人杰地灵"来描述深圳的年轻活力、人才辈出，但我们很少听到有关这片土地的可评可点的历史积淀和文化特色。随着一浪高过一浪的城市化改造，这里的祠堂的生存环境和功能也在发生着根本性的变化，亟须我们去关注、发掘、传承。

为了寻找这些都市里正在消失的文化，我们几位历史老师，同时也是民进会员，酝酿一起开展相关调研。其间，我们得到福田民进的鼓励和大力支持。

2013年我们就开始关注深圳地区的祠堂，2015年把学生纳入到我们的共同学习当中来，利用寒暑假组织学生开展祠堂调查的社会实践，不同学段、不同校际的学生积极参与。为了让传统文化教育走进课堂，我们还申报了相关的区、市级课题，师生一起通过田野考察、文献研究、访谈调查等形式，深入深圳各社区，遍访上百座祠堂，记录其位置、建筑布局、陈设，留下大量实物图片。

师生们每到一地，访问当地一些老人，了解当地祠堂的历史以及发生在祠堂周边的历史故事。在实地调查的同时，我们还购头相关书籍，深入图书馆、档案馆借阅了解深圳祠堂的史料，聘请民俗专家讲解，发掘整理了大批的祠堂文化资料。

经济特区虽然只成立四十余年，但深圳本土祠堂历史却很悠久，既有宋元以来的祠堂遗迹，也有改革开放后新修建筑，更多是明清以来经历了多次重修的祠堂，绝大多数基本保留了原有的风貌。现在这些祠堂多数得到各级政府组织保护，列入当地物质文化保护名录，有的还列为省市级文物保护单位，比如宝安新桥曾氏大宗祠2002年被列为广东省重点文物保护单位、上沙黄思铭公世祠1998年被列为市级文物保护单位等。

深圳祠堂之多，原来村落中基本上一村有一祠，还有一些村出现祠堂群。伴随祠堂建筑出现的，还有古庙宇、古炮楼、古树木或其他传统建筑。祠堂承载着丰富的宗族礼制、血缘伦理、社会教化的文化内涵，在传统社会凝聚族众，在基层社会管理中发挥着重要作用。

如今，祠堂仍是原住民尤其是老年人休闲聚居的地方，是村民联络的一个纽带，也是外来移民休闲的一个去处。在重阳节、端午节等重大节日，祠堂也是村民们祭祀、吃盆菜、聚餐的地点。

但是在调查过程中我们也发现，有些祠堂保护形势不容乐观。比如祠堂及周边文化空间相对封闭，祠堂多属于原住民的生活范围，但是外来移民已经占据了周边绝大部分空间，却很少有机会接近祠堂；在寸土寸金的深圳，祠堂所在的地理空间被大量压缩，周边土地多被开发，相关传统建筑被破坏；各地祠堂保护不平衡，由于原关内外地价差异，各村经济实力和传统文物保护意识的差别，一些祠堂损毁严重，环境堪忧；虽然政府公布了一些祠堂作为文物保护对象，但修缮祠堂建筑的成本较大，有些村级组织不积极，祠堂保护也相对滞后。

另外，随着时代的发展，祠堂的传统功能逐渐被取代，以前祠堂是族人祭拜先祖、办理婚丧寿喜的主要场所，也是家族其他公共事项的议事之地，曾经担当着村落法庭、教育、文化中心等角色，具有强大的凝聚力，但今天祠堂的历史印迹和文化正逐渐淡化。伴随着城中村老人的渐渐老去，新生代原住民对祠堂的了解和接触也越来越少，对祠堂文化的发掘、传承亟须加大力度。

祠堂文化是中华传统文化宝库中的瑰宝，是中华民族屹立于世界民族之林的文化地标。过去我们忽略了传统可以与现代相协调的一面，今天在大湾区发展的新机遇下，在师生多年田野考察的基础上，我们提出了一些有价值的建议，吴磊老师作为政协委员还将其整理成议案上报政府，得到有关部门的积极反馈和高度重视。如何让祠堂焕发新风采，成为大湾区文化的新热点？我们有三点想法：

一是要让祠堂的故事为人所知——历史文化、名人故居、传说典故、文物遗迹，都能成为祠堂传播的载体。优化祠堂周边环境，将其当作对公众开放的公共文化设施，特别是社区传统文化教育的重要组成部分，加强社区与中小学教育对接（如皇岗村的庄氏祠堂，这里有全国第一个村级博物馆），可以将其列为中小学传统文化和爱国主义教育的阵地，聘请深圳本土民俗专家讲解深圳本土文化，形成可传可讲的文化故事，让特区年轻人精神有依托、行为有敬畏，有利于传统的创新与传承。

二是要让祠堂情怀为人所感——家族寻根、特色美食、传统佳节、非遗绝技，都能成为"祠堂"文化的吸引点。深圳与港澳地域相近、文脉相亲，要利用其优势，以大湾区建设为背景，以祠堂建设为纽带，实施"同心工程"，挖掘寻根文化，加大与港澳、海外同胞的联系。在国家法定节假日，比如中秋节、清明节等，在祠堂举行仪式，对祖先追思怀念，珍惜当下。

三是要让祠堂相关的技艺为人所承——加大对祠堂及周边物质和非物质文化的挖掘和保护，比如微雕、指掌画、剪纸等技艺以及具有特色的传统美味小吃等，还可以举行麒麟舞、木偶变脸、粤剧等多项非遗展演，积淀深圳城市文化底蕴。同时，建议深圳现代建筑中适当融入传统风格，加强公众的参与性，成为现代文明快节奏中深圳人的精神家园。让祠堂既有"中国味"又有"世界范"，全方位弘扬特区文化，推动优秀传统文化和世界优秀文化的交流互鉴。

城市要在国际竞争中立于不败之地，不仅要经济立市，也要文化立市。作为深圳人，我们有义务和责任去挖掘、保护这些传统的存在，寻根祠堂文化，传承家国情怀。为提升城市文化软实力，希望相关职能部门能给予祠堂文化更多的支持，让祠堂文化能在观光、探寻、体验、融入中得到传承与再生。

2021年9月10日

于深圳市红岭中学

本书也是深圳市吴磊名师工作室专项课题"基于项目式学习的中学课程新形态建构与实践"（广东省教育教学成果奖一等奖）的部分成果。

目 录

1

寻根回祖

——深圳祠堂掠影

上篇

祠堂文化

祠堂由来

祠堂是什么？《说文解字》里关于"祠"的解释是："春祭曰祠。物品少，多文辞也。从示，司声。"也就是说，在春天里祭祀，因为物质匮乏，大多用言语来表达祭祀的心情。关于"堂"："殿也。从土，尚声。"是用土夯起台基的房子。"祠堂"合起来可以理解为用来祭祀的房屋。

一、祠堂的形成过程

祭祀在人类社会的早期，有着自然崇拜、人造物崇拜和祖先崇拜，尤其是祖先崇拜在中华民族的血脉中延续不断。古人相信人死灵魂是存在的，祖先在世时开辟基业，死后当供奉祭拜，子孙也只有虔诚地祭拜祖先才能得到庇佑，否则就会有灾难降临。《汉书·五行志》记载："简宗庙，不祷祠，废祭祀，逆天时，则水不润下。"忽视对祖宗、天神的祭祀，会招致水旱灾害。不仅要祭，而且要隆重虔诚，要有神圣的仪式。"礼莫大于祭，祭莫大于敬。"在此基础上，延伸出了中华文化中的"忠""孝"文化传统。北宋太祖立国以后，把帝位传给弟弟宋太宗，此后太宗支系一直到北宋亡国南渡，宋高宗之后，由于太子早夭，又不能再生育，在帝位传承上犹豫不决。县丞楼寅虎上书说，金之所以能祸害中原，是因为宋太祖在太庙中不能得到直系子孙的祭祀，不高兴而没有庇护宋朝，因此建议从太祖支系后裔中选择贤德之人继太子位。宋高宗从社稷稳定大业考虑，听从建议，立太祖支系第六世孙赵伯琮为继嗣，是为孝宗皇帝，帝位重归太祖支系。

祠堂是用来祭祀的，当然就应该是祭拜的地方。原始社会人们最主要的祭祖行为在墓地进行，人死后，葬其形，祀其神，用生活用具、生产工具随葬。陕西渭南元君庙泉护村遗址的墓地里，"有石铲、骨匕、骨、瓶、钵、孚、灶及泥质的黑陶丈鹰鼎等"；在半坡遗址发现了埋在地下的两个盛有粟米的小罐和有盖的小陶罐。到了原始社会后期，人们的祭祖意识和活动越发明显且有一定的仪式。甘肃秦安大地湾遗址中有多间大型建筑，有了公共空间，考古学家们推断是用来举行祭祀的场所。在遗址地面还发现了一幅较大的宗教画，画面是两个人在一个方形台子旁跳舞，双腿交叉，左手摸头，右手持棍，台子上则摆放着两个牺牲，这既可能是描绘杀牲献祭的画面，也可能是祈求狩猎成功的场面。在辽宁牛梁河遗址中更是出现了"庙、坛、冢"的祭祀建筑，在坛内和周边有埋人现象。这些遗址遗物的出现说明原始后期已经有了庙祭的现象。

祠堂祭祀是有规则的，它的形成甚至是在国家管理完备的历史进程中。进入殷商时期，鬼神信仰更加流行，人类也从原始公社时代步入国家阶段，对祖先的崇拜和祭祀不仅成为人们心理的需要，而且发展到维护伦理道德和社会稳定的阶段，祭祀祖先成为上至王公贵族下至普通百姓共同遵守的准则。殷商时期，无事不卜。"国之大事，在祀与戎。"祭祀和打战是他们生活中最重要的事情。出门要祭、盖房子要祭，安床也要祭，为了讨好鬼神也要用上丰富的祭品，尤其是对祖先的祭祀名目多、次数多、贡献丰盛。人祭是商朝普遍的行为，活着的贵族们为了祈求鬼神给他们庇护，用人牲来做祭献，来源大多是一些战俘和个别奴隶。据统计，武丁以后商王所用的人祭数量达到13000人以上甚至更多。

商朝时，原始公社制度已经解体，以血缘为基础的宗族制发展起来，宗族聚族而居，死后合族而葬，有了家族墓地，这就为宗庙祭祀提供了方便和土壤。商朝根据不同规模，可分为宗庙、祖庙、祢庙。宗庙是同一氏族人祭祖的场所，祖庙是同一宗族人祭祖的场所，祢庙是同一家族人祭祀的场所。总之，商朝时期发展起了初步的宗庙制度和祭祖规则，对后世影响深远。

周朝是中国祠堂正式诞生的时期。礼制的形成与完善，奠定了后世祠堂的基础。

楚国诗人屈原曾写过名作《天问》，汉时王逸作注写过"屈原放逐，忧心愁悴，彷徨山泽，经历陵陆，嗟号昊旻，仰天叹息。见楚有先王之庙及公卿祠堂，图画天地山川神灵，琦玮谲诡及古贤圣怪物行事"。这是关于"祠堂"一词最早出现。这里的"先王之庙及公卿祠堂"尽管和我们后来所说的祠堂有很大的差异，但可见专门的祭祀场所在上层社会已经很普遍，而且祭祀在社会生活中有很重要的地位。

周朝取代商朝以后，为防止贵族之间对王位、财产的争夺而推行的制度是分封制和宗法制，嫡长子继承的宗法制是分封制的核心和原则，它影响了中国历史两千多年。而宗法制实质上是宗庙之法，就是自天子以下，如何管理宗族内各支各系的关系。表现在国家机器的管理上需要有一套完整、职责明确、分工细致的机构来实施，有一个完整的、清晰的仪式流程。如诸侯去朝见天子，则必须告于祖祢之庙，即所谓"诸侯适天子，必告于庙，奠于祢"，再着裨衣、戴冕巡视内朝，命祝史之官告祭于社稷、宗庙、山川诸鬼神，又将诸侯国事情托给五大夫，最后出发去朝见天子。《仪礼》《周礼》《礼记》对周朝的祭祀礼仪有着详尽的描述。譬如，《周礼》中有营建宗庙的主官"天官冢宰"；祭祀的时候物质要有保证，不同祭祀选用不同物质。祭祀天和宗庙的阳祀要选用毛色纯赤的牲，祭祀地和社稷的阴祀要选用毛色纯黑的牲，祭祀五岳四镇四渎的望祀要选用代表各方颜色的纯毛牲。尤其是《礼记》中关于祠堂礼仪典制的论述完整、全面，标志着中国祠堂礼仪制度的诞生，影响着后世祠堂的发展。譬如，《礼记》关于诸侯、士大夫和庶人立宗庙进行了规定："天子七庙，三昭三穆，与大祖之庙而七。诸侯五庙，二昭二穆，与大祖之庙而五。大夫三庙，一昭一穆，与大祖之庙而三。士一庙。庶人祭于寝。"其他如祭祀要讲究辈分秩序、罗列祠堂祭祀对象、祭祖收族的重要性等，都有详尽的论述。周朝宗庙祭祀制度成为后来中国社会宗族家庙、祠堂的基本模式。

二、周以后祠堂的发展

秦统一天下以后，建立起以皇权为中心的中央集权的官僚体制，"天下无敢立庙"，国家政权组织形式从宗法制中分离出来，春秋以来的宗法制遭到破坏。但在汉朝取代秦之后，在总结秦速亡原因时，其中之一就是没有分封宗室，没有拱卫的力量，于是再次大封诸侯。先秦宗庙制度有所恢复，但汉朝在祭祖形式上出现很大的变化，这就是墓祠的出现。墓祠就是在祖先坟墓旁边建立祠堂进行祭祀，它不同于先秦时宗庙和祖坟是分开的，宗庙建于都城。该变化首先是从皇室开始。光武帝刘秀主持的57次祭祀活动中，有51次在陵墓举行。从汉明帝开始，朝廷大典和祭祀都不在宗庙而移至陵墓。皇室的做法直接影响到各诸侯直至普通官僚。《盐铁论·散不足》记录当时民间墓祠的情况："富者积土成山，列树成林，台榭连阁，集观增楼。中者祠堂屏阁，垣阙罘罳。"中等人家也极尽装饰，墓祠祭祀兴盛且有攀比之风。

魏晋南北朝时期，墓祠祭祀衰落，庙祭制度逐渐恢复。但是伴随九品中正制的推行，庙祭的等级制也出现了。《宋书》中有"汉献帝建安十八年五月，以河北十郡封魏武帝为魏公。是年七月，始建宗庙于邺，自以诸侯礼立五庙也。后虽进爵为王，无所改易"，曹操以魏公身份立五庙。以后各级官吏按照等级赋予不同的祭祀权利，不得逾越。一般的士大夫大多无庙，所以只能在自家客堂设置神主牌位祭祀，祭祀完毕就撤掉。

唐朝建立以后，大修谱牒打击了以前的旧贵族势力，但以皇室、功臣为主的新士族集团提高了社会地位，为了显示特殊地位在祭祀礼仪上作出新的规定，这就是《开元礼》的出现，成为中国祠堂发展的一个重要节点，家庙礼制出现了。根据《开元礼》："凡文武官二品以上，祠四庙，五品以上，祠三庙……六品以下达于庶人，祭祖祢于正寝。"五品以上兼爵者可立庙祭祀，三品以上无爵亦可立庙，四五品一定要兼爵方可立庙。在唐朝只有做官到五品以上才是政府认可的贵族，也才可以立庙祭祀先祖。根据唐律，立庙者的后人即使不符合立家庙的资格，仍可保留家庙继续祭祀。唐代家庙与周以来在分封之地建立宗庙不一样，主要集中在长安和洛阳两地。"伯侯里外，而庙在京师。"很多人在外做官，但祭祀的场所在京师，如节度使王武俊的田庄和墓地皆在河北的镇州，而其家庙则设在长安道德坊。官僚们把家庙立在两京一来表示对唐的忠心，同时也是自家身份地位的象征。

至宋元时期，传统士族不复存在，科举制日趋完善，社会结构也在重组变化，官员、民间宗族活动频繁，官僚组建宗族较多，甚至出现攀附名人、权贵的现象。比如宋朝奸臣蔡京曾就冒充是同乡、进士出身的蔡襄的族弟。而蔡京的后人因其名声不好不敢说是他的后人，又诡称是蔡襄的族裔。再加上理学兴起，理学家们积极主张和建议，祭祖活动出现新变化。首先是在一些官员身上突破不能祭五世祖的禁令，继而民间开始祭祀始祖，祭祀场所也向庙祭、寝祭外延伸，出现了"家祠堂""祭堂""影堂"（绘祖先画像挂于堂上祭拜），就是家庭在居住内或旁侧设置专门祭祖的场所。在这一变化过程中，理学家朱熹的《家礼》对民间祠堂礼制有着重大影响，乃至后世民间祠堂基本上是按照《家礼》的规定开展活动的。

明清时期是中国祠堂发展的鼎盛时期，最显著的就是宗族祠堂的出现和普及。宗族祠堂建筑讲究，管理更加规范，功能更加齐全。这一变化是伴随着明清时期社会宗族组织日益强化而来的，尤其是在长江流域及其以南地区。这和南宋以来南渡的北方民族生存环境有着很大关系，他们在南方为了生存，聚族而居，宗族对各个家庭来说有着强大的凝聚力和归属感，宗族甚至还有着强大的经济基础——"义田"。加之政府为了维护社会稳定，"为治之要，教化为先"，民间治理推行宗族制度，这都为宗族祠堂的发展提供了肥沃的土壤。明清宗族祠堂大发展，有一个人物是一定要提的，即夏言。明嘉靖十五年（1536），礼部尚书夏言上《献末议请明诏以推恩臣民用全典礼疏》，提出了"请诏天下臣工立家庙议""乞诏天下臣民冬至日得祀始祖议"，该奏疏的提出和获批掀起了民间建立祠堂的高潮。在徽州地区，"祠堂连云，远近相望"，无村不祠，一村多祠，有记载的6000多座，传世至今仍有数千。

祠 堂 建 筑

祠堂建筑属于祭祀建筑，皇室有太庙，百姓有祠堂，它的地位远高于其他类型的建筑。自人类有建筑以来，就把它放在生产生活的中心，形制之尊、规模之大、艺术成就之高，无出其右者。它不仅要体现神圣高洁，而且长时间以来还是权力、身份、地位的象征，对皇室来说这里的一举一动更有着强烈的政治意义。

一、祠堂建筑环境

祠堂位置选择最重要的是风水要好。程颐说："地之美者，则其神灵安，其子孙盛。"风水好，家族兴盛，子孙发达。祠堂一般多依山傍水。在平原地带，离山水较远的地方，就会在祠堂后种一些大树，在祠堂门前挖一个人工的月池，意为前有照后有靠，这种现象在岭南祠堂非常普遍。罗湖区笋岗街道笋岗村何氏，乃明初岭南名贤东莞伯何真之后裔。1921年，何真后人重修何氏宗祠，《重修何氏宗祠碑记》上刻着一段宗祠的风水铭文，大论其吉地之风水，说本村族祠"系乘龙气之正脉""外收堂气之原"，并告诫子孙"此山向永远流传"。

在村落环境中，祠堂一般在平面形态上处于村落中心，围绕祠堂这个中心由内向外延伸，时间久远会生出更多的小村落。深圳城中村中散布着大量的祠堂，这些祠堂就是原村落的中心。如上沙就有一个祠堂村，祠堂村外又发展出东村、西村、新村等村落；上步村也有一个祠堂村，在此基础上发展为村落群。

祠堂的朝向按照《朱子家礼》，大多讲究坐北朝南，但在实际上受村落朝向、布局和环境制约，各类朝向都有存在。

二、祠堂建筑类型

祠堂建筑类型准确地说是没有一个定式的，加之中国地域广袤，各地自然环境和习俗差异较大，祠堂建筑不一。南宋理学大师朱熹在《家礼》中也只是原则性提出了祠堂建筑的几个要点：一是在"正寝之东"，二是要有容纳祖先遗物和祭器的房间，三是房子要世代守护不能分析，至于采用何种样式建筑是没有具体规定的。

王鹤鸣先生根据建筑形式分为三类：朱熹《家礼》中的祠堂模式；居家住宅改造的祠堂模式；族众繁衍众多后与住宅脱离专门修建的祠堂模式。

专门修建的祠堂模式又分为：园林式祠堂，有花园，亭台楼阁、古树名木；天井庭院式祠堂；庙宇式祠堂。

根据祠堂规模大小，还可以分为一进单厅式、一井两进式、两井三进式、三井三进式等。所谓井，就是大门与中堂或正堂（寝堂）之间的围院，目的是为了采光和排水，俗称"四水归堂"，两旁是走廊（有的隔成厢房）。祠堂规模有的还可以从门面区分，有的是三开间，有的是五开间甚至多开间。

祠堂建筑类型根据地域建筑风格还可以细分很多，如徽派建筑、岭南建筑、闽派建筑、京派建筑（四合院）、川西建筑等。在岭南又可以再分为广府祠堂和客家祠堂等。这里的区分主要是形制和装饰上的差异，就祠堂的组件来说是大同小异的。

三、祠堂建筑元素与装饰

祠堂建筑与其他建筑一样，墙面和屋顶是其基本要件，有的墙面是砖石结构，有的是木质结构，根据具体情况而定，一般是两者兼而有之，屋顶瓦、脊依当地风俗而定。

祠堂大门—中堂—寝堂是基本建筑元素。大门一般都是门廊式，也有个别特别讲究的祠堂采用宫式建筑门楼，大门上面一般都是祠堂的名号。较大规模的祠堂，讲究空间层次的丰富性。在祠堂前立有照壁，进大门就是仪门，穿过仪门是天井；进入享堂（正厅），这里是举行祭祀的主场，这里经常会看见各式牌匾，设有楹联、案台、座椅等；过享堂又是一个天井，穿过天井才是寝堂，即安放祖宗牌位的地方，这里是最神圣的地方，一般挂有祖先画像，堂内有供桌、香炉、旌旗等。

除此基本元素外，有的祠堂还有牌坊、拜亭、戏台。拜亭位于中堂之前并与中堂明间相连，通常以四根角柱支撑而不设墙体。戏台是和大门连为一体的，背靠大门，进大门回头就可以看见。

祠堂建筑的装饰是祠堂建筑的重要组成部分。在古代，祠堂建筑受到政府的限制，各家修建祠堂时会在装饰上极尽发挥，以体现一家一族的身份地位、经济实力。祠堂装饰融合民间传统、民间艺术、民间工艺于一体。可以这么说，一座装饰豪华的祠堂就是一座民间艺术馆。祠堂外部装饰一般以灰塑、石雕、木雕、砖雕、陶塑等为主要手法；室内装饰以石雕、木雕、壁画等为主。

木雕，也称木刻，多见于封檐板、柁峰、雀替、斗拱、屏风、花格、牌匾、格扇、挂落、花罩、神龛等，也包括施于梁架、枋、大门、仪门、案台、柱上的雕刻。

石雕，即是人们对石质材料进行雕凿而成的建筑构件或艺术品，多见于台基、墙群、鼓台、石阶垂带、柱础、梁架、墀头、梁头、雀替、柁峰、券门、门枕石、铺地石、夹石、香炉、牌坊、匾额、对联、碑记，还有抱鼓石、石狮子、石栏杆等。

壁画，俗称"泥水画"，主要绘于祠内墙上部、前堂外墙的上部等地方。壁画大都带花边，书法与绘画相间。

灰塑是宗祠内最具传统工艺的装饰之一。它以贝灰为主，掺入适量河砂、稻草、麻皮等材料合成，制成灰膏，而后进行塑造成型，再用贝灰浆调上矿物质色料，给型塑上彩的一种工艺，在岭南建筑中常用到。

祠堂装饰内容主要包括：

神话故事、民间传说类：瑶池贺寿、画龙点睛、麻姑献寿、和合二仙、八仙过海等；历史人物类：二十四孝、水浒人物、三国人物、苏武牧羊、竹林七贤等；风土民情类：渔樵耕读、渔舟晚临、金殿比武等；祥禽瑞兽类：龙凤呈祥、丹凤朝阳、狮子滚绣球、喜上眉梢、二龙戏珠、鲤鱼跃龙门等；花草果木类：岁寒三友（松、竹、梅）、四君子（梅、兰、竹、菊）、富贵牡丹等；器物、宝物类：法宝、古董、家具、博古架、琴棋书画等。

祠 堂 种 类

祠堂在中国几千年的历史发展进程中发展出功能各异的祠堂类别。

祠堂作为一种纪念性的建筑，在早期并不是所有人都有资格和权力设立专门的祭祀场所去祭祀。即使到了清朝，政府规定还是"庶民祭于寝"，只是民间不遵守而已。随着礼法社会结构的完成定型，祭祀作为其中的重要组成部分也完成了它的既定仪式和程序，以及随之而来的整个规制。

首先，祠堂分为皇室的祠堂和民间的祠堂。太庙就是中国明清两代皇室祭祀祖先的地方，也可算作是皇帝的家庙。太庙位于天安门与端门的左边，里外共有三层围墙，第三层是核心部位，包括前殿、中殿、后殿三大殿，是举行大祀的地方。大殿两侧各有配殿15间，东殿供奉历代有功皇族神位，西殿供奉异姓功臣神位。前殿又称享殿，是举行祭祖大典的场所；中殿又称寝殿，供奉皇帝祖先的牌位，殿内陈设如起居安寝状；后殿又称祧庙，供奉因世代久远从中殿迁出的帝后神位，只有在祭祀时才移到享殿供祀。太庙是皇室家族政权的象征，能否祭祀标志着政权能否延续，末代皇帝往往痛恨自己"宗庙不能血食"。但凡皇室重大事件都要到此祭祀，叫作"告庙"。

其次，民间的祠堂又分为宗祠、支祠和家祠。

宗祠是同一宗族人祭祀始迁祖的地方。始祖是宗族共同认可的老祖宗，但不一定是一世祖，因为有的始祖以下世系并不清楚，只能从已知的世系中排出一世、二世、三世……例如深圳南山区西丽街道新围村的刘氏宗祠，祠内《昭兹来许》的碑记讲述了刘氏宋代始祖刘原广立村新围、数代单传的事情，刘原广被尊为始迁祖，世系排在第一位，在他之前肯定有先辈，只不过无法考究而已。宗祠祭祀先祖，但在一些大族里先祖太多，大堂难于摆放那么多的神位。于是参照皇室宗庙的办法及民间实际情况，根据死者本人及后人在社会上的地位以及对本宗族的贡献来决定神位的放置住所。

支祠是随着宗族人口不断繁衍，祭祀从宗族中分出来的本支人先祖的祠堂。如深圳南山区南头郑姓始祖郑柏峰，北宋熙宁年间（1068—1077）迁来南头，其子孙后裔分布在南山、福田、宝安等区，后裔聚居的村子就达数十个村子之多，除南山区大新街道涌下村郑氏大宗祠作为总祠外，其他村的祠堂均称为郑氏大宗祠的支祠，如南山区南山街道向南村郑氏宗祠、宝安区西乡街道乐群村郑氏宗祠以及桃园街道大涌村郑氏宗祠、塘朗村郑氏宗祠、光前村郑氏宗祠等。支祠的形成除了子孙繁衍而派生出来外，还有一种情况就是在宗族发展过程中，本族出现了某位名人，在此人之下衍生出一个支系，为纪念此人把他作为本支始祖而立祠。

家祠是家人祭祀近代祖先的场所，一般在厅堂里或家中制有神龛的地方，供奉有曾祖以下的祖宗牌位，一般是不出五服即五代以内的祖先。五服以内为亲，五服以外为疏。五服以外的先祖、始祖是享受不到家祭的香火的。

祠堂类别中还有一种专祠，它是专门来祭祀某一个人或者某一种行为或现象的祠堂，有名人祠、生祠、神祠等。《礼记·祭法》中有记："夫圣王之制祭祀也，法施于民，则祀之；以死勤事，则祀之；以劳定国，则祀之；能御大灾，则祀之；能捍大患，则祀之。"上述所列的明贤圣者、英雄烈士都是应该祭祀的对象，他们不仅受到朝廷认可，也受到民众的爱戴。如诸葛亮，多地都有武侯祠；屈原，多地建有屈子祠；南宋抗金名将岳飞，多地建有忠烈祠，等等。

专祠中的生祠是为活着的圣贤人等建立的纪念祠，此人在生前一般要建功立业，有着很大的业绩，且在社会上有着广泛的影响。岳飞在生前就有江浙人为他建立生祠，期望他能收复中原。也有奸邪小人建生祠的笑柄，明代大宦官魏忠贤权倾朝野，一些投入其门下的小人为了巴结讨好他，在全国各地为他建生祠，共有四十多个，每个生祠都耗费地方府库大量银两，这些地方官再通过巧取豪夺来填补府库的空缺，浙江巡抚甚至拆了苏堤第一桥来为他建生祠。

还有一种专祠，它的祭祀对象不是某位贤人名宦，而是某种活动或现象，它来自于人类对自然的敬畏和崇拜，有时也寄托着人类的美好愿望和祝福。如沿海一带的妈祖，她可能不是一个具体的人，而是人们想象中的一位神，渔民们在长期出海的生产生活中期盼得到她的保护。又如在深圳南山区南山畔有一座"春牛堂"，创建于明代，明清时期，每当春耕开始，新安知县均在此举行开耕鞭春仪式，因而有"春牛堂"之称，是深圳古代重要的仪典旧址之一。

此外，还有各种土地神庙、堂、祠等。

祠堂管理

国有宗庙，家有宗祠。在宗法社会，祠堂是否有序，可以看出地方治理是否安稳、民风习俗是否淳朴。各家各族都特别重视祠堂管理。宋朝以前，历朝历代都对祠堂祭祀管理有相应规范；宋朝以后，庶人祠堂兴起，朱熹作《家礼》，对祠堂相关礼仪制度有明确的新定制，此后明清悉遵《家礼》。尽管各地风土人情差异较大，但在祠堂管理上大同小异。

一、祠堂祭祀

祠堂祭祀类型较多，有常祭和专祭、大祭。常祭就是每月朔日（初一）、望日（十五）早晨到祠堂进香祭祀，规模不大，每家每户有一人去即可。直到现在，深圳大多数祠堂终日大门紧闭，但这两天会有很多本地人前往焚香祭拜。专祭是指在一些特别的日子，如婚娶生子添丁、科举获得功名、加官进爵等重大事情，这都是宗族内的喜事和荣耀，要把这种喜事告知列祖列宗，所以也要到祠堂祭祀。大祭是全宗族人会聚祠堂举行祭祀，一般是在清明和冬至日最为隆重。本来按规定有一年"四仲之月祭之"的要求，即每季第二个月要祭祀，所谓春祠、夏礿、秋尝、冬烝，不过一年四季祭祀具体时间每个宗族选择的具体日子不一样，元旦、春分、清明、秋分、冬至、除夕都可选。但清明和冬至都是民间特别看重的日子，清明本就是祭祖扫坟之日，而冬至在古人看来是阴阳二气的自然转化之时，故而特别重视，君臣上下普天同庆，如过大年。割牲祭祖，是冬至日必不可少的内容。

祠堂祭祀先要摆放好神主牌位，一块神主牌代表一位祖先。神主牌的摆放是有讲究的，遵照"百世不祧""五世则迁"的原则，即始祖或始迁祖永远供奉在寝堂的神桌正中央，左右两边按左昭右穆次序摆放家族现在最长

辈算起的考、祖、曾祖、高祖四世的神主牌，超过四世的则移到配龛去。当然，也有家族把对本族有功德的祖宗牌位一直保留供奉的。明清以来，在大祭中，各宗族还要拿出先祖画像挂在祠堂接受膜拜。

祭祀是少不了贡品的，明朝政府对家庙贡品是有规定的，二品以上官员可用羊、猪各一头，五品以上用羊一只，五品以下用猪一头，都要肢解煮熟。民间贡品也用猪羊，根据各地风俗还有果品、茶、馒头、米糕、稻米饭等不一而足。一般来说，祭品是根据自身条件以及当地物产来决定的。所有祭品在大祭时都用专门的祭器盛放，以示尊重。

祭祀有着专门的管理人员和祭祀议程。祭祖的执事人员叫礼生，依据规模大小定人员，分别担任不同职务，如通赞、引赞、司祝、司帛、司樽、司爵、司馔、司盥、司过等。通赞类似今天的主持人，司过就是负责纠察的，其他人分别负责读祝词，管祭品、祭器等。大致程序是：①主祭人向祖宗神主行礼；②族长离开享堂，迎接牺牲贡品；③初献，在桌子上摆放筷、勺、碟等；④宣读祝词；⑤焚烧香纸；⑥奏乐；⑦族人祭拜；⑧二献，上羹饭肉；⑨三献，上饼饵蔬菜；⑩撤去贡品；⑪礼毕。

祭祖礼毕以后，族人之间要进行礼拜，族人向宗子、族长礼拜，小辈拜长辈，同辈中年幼的向年长的礼拜，在长幼之中要一个一个地拜，这样一是显得宗族团结，也是教育人们懂得尊卑长幼的道理。祭祀的最高潮就是族员会餐和领馂余。会餐也叫合食，有的宗族在会餐时也分出等第，按岁数大小、社会职务、族内地位等安排坐席。当然也有宗族祭祀后不会餐的，但都有领馂余这一环节，就是把贡品分给每个族人，叫作"颁胙肉"，让子孙都能得到祖宗的恩惠。分发胙肉时一般平均分配，但老年人会比别人多一些，在广东地区有"太公分猪肉——人人有份"的歇后语，就是祭祖完毕后分胙肉的规矩。

二、祠堂族长

为了有效管理祠堂与宗族事务，每个宗族都要选出一位负责人，就是族长，有时也叫宗长，现在也有叫会长的，各个支族也可以有自己的支族长。族长一般都是本族德高望重之人，或是当地士绅，或饱读诗书。族长对外代表族人交涉，甚至族内个体与政府间的事物有时也需要族长出面去处理。在古代乡土社会，政府管理职能很难真正达到乡村，常常需要宗族内的族长予以协助。反过来说，如果族长率族人不配合地方政府，是很容易滋生出问题来的。对内来说，族长是宗族内最高领袖，统摄族内事物，要维系祠堂事务、调节族内纠纷、举办族内公共事宜和救济行为、实行家法。族长行事要公允，正而不偏，廉而不贪。有的宗族还会在宗族的规约中对族长率领的团队处理问题有着明文规定。深圳北头维泽堂同治甲戌年编《东粤宝安南头黄氏族谱》载："族内有事商榷当集族尊族贤协同酌夺，贤者不到尊者不得挟尊以自专，尊者不到贤者不得挟贤以擅行，毋得退避观望，毋得徇情缄然，则事皆出于公无致或误也。倘尊贤内有拖故不到查出罚其一年之胙。"

族长虽经选举产生，但一旦当选，都不会轻易改变，因为族长本身在实际生活中都是一些有头有脸的人，是宗族精神领袖，当然也是祠堂的实际管理者，重大祭祀活动都由族长来牵头组织和主持。族长的类型大致有如下几种：饱读诗书、德高望重的绅士；任过公职、地位显赫的官员；财力殷实，富甲一方的有产者；辈分崇高、公信力强的乡人等等。

三、祠堂祠产

祠堂的祠产除了本身建筑及建筑内的器物外，还有大量的田产，也叫祭田、义田。祭田的大量产生，始于朱熹《家礼》之后。他提倡凡立祠堂，必须置祭田，凡四世祖内祖先神主牌供奉在祠堂寝堂内的，子孙要拿出田产的二十分之一出来作为祭田。明清时期，在江南一带，一些富商巨贾大修祠堂，也广置祭田。

祭田是祠堂有效运作的经济基础，也是祠堂能够凝聚、控制族人的物质纽带。

祭田收入作为公共收入主要用于族内公务：修理祠堂、编订族谱、宗亲联谊和备置祭祀器皿、食物及日常其他开支等。此外有些地方祭田还用来补贴发放给族人，如口粮、衣料、婚宴费（再娶不给）、丧葬费、科举费等。很多家族的祠堂都设有义塾，收留本族的孩子在那里读书发蒙，祭田的收入可以用来聘请老师和准备孩子们学习的一些必需品，对于学习优秀的予以奖励，对参加科举考试的族中寒门弟子予以资助路费等。在灾荒年，对弱小贫困家庭还有额外补助。

　　祭田来源主要有如下几种方式：先祖遗留，有些人在终老之时，在分给自家子孙一部分田产以后，会留下一部分给祠堂充当祭田；族人捐献，一些富裕人家热心宗族事务，会以捐献的方式贡献出自家田地；购买，既有族内贤人购置也有以祠堂名义用族内共有资产购置的。无论是哪种来源的祭田，都是租给他人耕种，不能雇用本族人耕种，族人也不允许侵占祭田，子孙后代不能典卖祭田。发展到现在，深圳这个现代化的都市里保存的大量祠堂仍然延续着古老的传统，虽然没有了祭田，但祠堂收入还是很可观的，不仅有海内外族裔的捐献，本身还拥有大量的物业，物业出租收入也不菲。在重要节假日，祠堂还为老年人（一般是60岁）发放老年金、资助宗族会餐、举行祭祀活动等。

祠 堂 功 能

祠堂是一个宗族心灵的物化，在族人们会聚一堂祭祀、联谊、表彰功德、惩戒罪恶的时候，就是灵魂聚会的圣殿、阴阳对话的厅堂。它集灵与肉、神与人、行与果于一体，功能齐全。

一、祭祀的圣堂

"祠"本来就是用来祭祀的，人类早期就有自然崇拜，后来发展到祖先崇拜。进入阶级社会以后，祭祀活动成为特权阶层独享的权利，但是这仅仅是从形式、物化的层面人为规定的，并不能从心灵上抹去人对自然或祖先的祭祀。历史的发展使祭祀由贵族阶层走向普罗大众。祭祀是需要场所来组织容纳人员、祭品、祭器和举办仪式的，而祠堂的出现就是它最好的形式。

人们相信灵魂不灭，祖先死去了，他的灵魂还在，还关注着子孙后代，子孙后代要继续和祖先对话，要尊崇祖先的德行，不负祖先厚望，要不断与祖先对话，只有在祠堂才能完成这一切。通过祭祀凝聚在世的子孙，强化血缘。即使有人远行万里，有了祠堂，他仍心有所归，知道来路。

在祭祀的时候，每个人都要衣着整洁、神态严肃、尊卑有序，严格按照祭祀仪式进行。每一次祭祀，就是族众向祖先的告慰、宣誓、祈祷。

二、教化的平台

祠堂是家族长者教育后人、宣讲伦理道德的重要场所，既有直观的教化，也有无形的影响。

直观教化就是把本族的族规家法或刻成碑、或誊写成榜张贴在祠堂内约束族人，既有指导宗族内成员妥善处理各种关系的规定，也有规范祭祀、旌表等行为，还有伦理道德上的劝谕，如尊敬长辈、孝敬父母等。如安徽绩溪南关惇叙堂许氏家族在宗谱里就刊载了家训"十条"：孝父母、敬祖宗、重师儒、正闺门、睦宗族、务正业、早完粮、息争讼、杜邪风、禁溺女。直观教化还体现在祠堂物品摆放、使用、会餐中的尊卑有序等，甚至祠堂装饰都是关于家族和谐、邻里敦睦、诚实守信的教育图案、字画。直观教化给人促动最大的莫过于在一次次祭祖、议事的活动中，营造氛围，树立族长威望，固化世代传递仪式，把道德宗法的思想、做法内化到一代一代的族众身上。

祠堂无形的影响无处不在。每次祭祀大典之后，族长会奖励本族优秀读书少年，鼓励本族后生潜心向学，科举中第光宗耀祖，对族内孝子顺孙、义夫节妇嘉奖等，莫不是在创造教化平台，启迪后人，做一个忠、孝、悌、信、礼、义、廉、耻的完人。

三、公共活动场所

祠堂作为宗族公共活动场所，除了祭祀，其他活动内容也有很多。

春节团拜。每逢春节，全族男丁齐集祠堂，首先向族长拜年，然后年长的老人们聚在一起，由年轻人向老年人一一拜年。膜拜者要极其认真，叩头作揖。按尊卑次序依次而来，年长者还要向幼儿们发红包。

此外，婚丧嫁娶、红白喜事、科举中榜都要到祠堂来热闹一番，女子虽然平时不可入祠，但在出嫁当天是要到祖宗这儿来告别的。

有的祠堂内还附有戏台，以敬祖、敬神的名义而举行的娱神、娱人的戏曲在此演出，祠堂又成为宗族的文化空间。每逢祭祀就会请来戏班唱戏，像《红楼梦》《梁山伯与祝英台》《薛仁贵征西》等演出曲目，一般都是乡间最喜闻乐见的娱乐活动。祖灵与族众欢聚一堂，演出是欢聚的理由，祠堂是赴约的地点。

四、司法功能

国有国法，家有家规。在中国民间家里或者家族之间有了事也被认为是家内的事，是可以通过家族内解决的。于是，族内的祠堂就成了执行家法的公堂，有了司法功能。

有事邀请族内长者、当事人到祠堂解决问题，被认为是当着祖宗的面行事。主事的人不敢违背祖先，要公正决断；当事者不能撒谎欺骗，祖先在上的威严感对所有人都有心灵的震撼。

祠堂执行家法，主要是"以尊治卑"，对族内作奸犯科、败先人之成业、辱父母之家声的族中子弟，族长和其他执事端坐在享堂，无论呵斥训诫，被教育者都不得声辩。对一般家庭纷争，族长和执事们会根据是非曲直做出判决，一旦作出决定，双方都得执行。

此外，祠堂所办的祠塾、祠堂奖励族内学有所成的子弟、资助经济困难的家庭孩子继续深造等行为使得祠堂承担了很大一部分教育的职能。

祠堂对族众中鳏寡孤独者的救济，在水旱灾害时节对族人的帮助，又使得祠堂有了抚恤的功能。

总之，祠堂在宗法社会里，是一个在生老病死方方面面都影响着每个族内个体的存在。

当 代 祠 堂

在新中国成立以前，祠堂在中国社会中无疑有着举足轻重的作用，无论是民间自身教化、互助还是从政府层面要求的稳定来说它的存在是必须的，而且不断得到强化。国家家族化，家族国家化，以祠堂为轴心的乡土中国稳定的形态延续了上千年，这种状况在人类民主法治的时代洪流面前必然面临着冲击和扬弃。

一、呼唤传统中新生

改革开放以来，祠堂新生过程中呈现三种不同状态。

首先是那些历史久远、建筑艺术或者文物价值高的祠堂得到政府层面的保护，获得政府资金资助。从中央到地方各级政府从文物保护和文化传承的政策出发，确立一大批传统建筑为文物保护单位，其中祠堂作为传统建筑的重要组成部分占有一定的数量。至2009年，中国已先后公布了六批，共2352项全国重点文物保护单位，其中祭祀祖先、贤哲或神灵的房屋建筑，即祠堂达249项，占全国文保单位近九分之一。各级地方政府把本地特色的一些祠堂列为地方文物保护单位的则更多。获得政府层面保护支持的祠堂中还有一部分是在近代中国革命期间尤其是在新民主主义革命时期成为革命活动据点，为革命做出贡献的祠堂，被确认为革命遗址而获得开发保护。浙江省绍兴市越城区东湖镇后堡村总共有柳氏祠堂、胡氏祠堂和徐氏祠堂三家祠堂，其中胡氏祠堂在抗日战争时期是皋北抗日自卫队活动的据点，被日军发现后在此发生了一场激战，队长和指导员都牺牲于此。新中国成立后，为了纪念牺牲的几位烈士重修了胡氏祠堂，改革开放以后，祠堂再次重修扩大，改为后堡抗日纪念堂。深圳宝安区松岗街道燕川社区素白陈公祠建于清朝中晚期，北方人陈素白作为科举考试探花，被朝廷安排到宝安为官，他的后人为了纪念他，建了这座祠堂。1999年，偶然在祠堂内挖出写有"中共宝安县第一次党代会"字样的木牌，同年，祠堂作为宝安县"一大"旧址，被列为宝安区第一批文物保护单位，政府出资予以修复保护，并被批准为深圳革命纪念遗址。一段尘封历史就此揭开，宝安是广东省较早建立共产党组织和开展革命斗争的地区之一。1924年，宝安的党组织建立以后，宝安地区人民在中国共产党的领导下，开展了宝安农民运动、省港大罢工等一系列工农革命斗争。1928年2月，中共宝安县委在素白陈公祠召开了第一次党员代表大会，会议选举了中共宝安县第三届委员会，这是深圳党史上光辉的一页。

其次是在经济基础较好的地方，祠堂恢复得也比较好。改革开放以后一些经济发达区如江浙、广东等地的宗族依靠集体集资或海外捐助或私人捐资纷纷重修祠堂，而且祠堂修复得气派豪华、规模宏大。在城市化的进程中，一些祠堂还有了自己的物业，依靠出租拥有雄厚的经济实力。如福田区皇岗村的庄氏祠堂，坐落于市中心区，原址在附近路边，1995年因种种原因迁址重建。由皇岗股份公司投资2000万元人民币兴建成大型仿古建筑，1998年开馆，博物馆占地面积3000平方米，建筑面积1700平方米，具有12个展厅，堪称一座大型宫殿。

最后是在宗法观念浓厚、宗族意识强烈的地区，祠堂恢复也是比较多的，这既有赖于政府的支持也得益于市场经济发展使得部分人有了足够的资金来修复这些精神物质纽带。宗法制虽然不复存在了，但家族的观念和尊祖的思想还存在于广大的乡土社会之中，寻根文化生生不息，这是中国传统文化的基因旺盛。福建省福清市龙田上薛村文峰薛氏在宗族乡贤的组织下两次共捐款100多万元，于2018年重修了文峰薛氏惟达支祠。在徽州，聚族而居的各个村落，祠堂本来就是他们传统建筑的集大成者，历史上各族举全族之力修建各自的祠堂。在新的历史时期，他们既出于发展旅游经济需要更是为了恢复本族历史的荣光，纷纷重修自己本族的祠堂，焕发生机。这种民间修祠行为和政府出资保护遥相呼应，共同成为现在祠堂新生的主要模式。

二、新生使命的嬗变

值得关注的是，在市场经济的发展过程中，尽管各地祠堂得到不同程度的恢复和保护，但是由于原有祠堂依托的经济基础根本性变化以及祠堂依托的传统宗族组织形态的变化，祠堂的功能和使命也在发生改变，族众往往并不一定生活在祠堂周边。宗族对族内成员生活的约束性不复存在，祠堂也不是传统意义上宗族祭祖的场所，更不是宗族内的司法场地，主要成为宗族之间联谊的一个纽带、大家共同的精神依托和归属之地。祭祀活动也是大家共同缅怀先祖、表达孝道的一种情感表现方式。

在大多数地方，祠堂是以一种传统文化形态保存下来。一个地区的祠堂承载着一个地区风土人情、建筑艺术、历史传统等信息，祠堂是一个很好的文化传承载体。广州的陈氏大宗祠作为今天广州的民俗博物馆，陈列展览了民族工艺和岭南建筑艺术。遍布在深圳现代大都市里的祠堂，几乎都成为现代都市生活下对传统农耕文明的一个记忆，这些地方往往也是旅游、体验传统文化的好去处。

祠堂在现代文明生活中作为情感价值纽带的意义在上升。现代市场经济不仅打破了传统生产关系，而且打破了人与人之间生存的空间。无论乡村还是城市，人与人之间交流空间在立体化和距离化，尤其是信息时代新生代对祠堂接触更少。祠堂成为社区居民特别是老年人休闲聚居的地方、活动的公共场所、联络感情的一个纽带；在重大节日如冬至节、重阳节等节日，便是宗族们祭祀、吃盆菜、聚餐的地点。特别是改革开放以后，年青一代对宗族认可度下降，彼此之间往来不如老一辈人，经济上的联系多于亲情上的往来，祠堂的存在在情感交流上的重要性就显得更加突出。如果有人生活工作在外，祠堂往往还成为这些人寻根问祖的依托。中华文明传统中爱乡念祖的观念代代传承，有大量的海外华人华侨，他们对祖国、对家乡都怀有深厚的感情，通过祠堂可以让他们找到自己的"根"。

下篇

深圳祠堂掠影

深圳各区祠堂掠影

┃南山区祠堂┃

一、桂庙叶氏宗祠

桂庙叶氏宗祠大门

地址：南山区南海大道与滨海大道交汇处。

结构：坐东朝西，占地四百平方米，三开三进，两天井建筑。门厅两侧各设耳房一间，明间后檐设戏台。戏台呈方形，六根石柱，三方敞开，台后设立屏风六扇。正厅三开间，两侧是历代先祖介绍。

桂庙叶氏宗祠内景

该建筑为纪念本族先祖禹山公，兴建于明末，已有六百多年历史。抗日战争期间被毁，只剩断垣残壁。2010年在原址新建。整个建筑布局紧凑，仿古木雕、石雕、泥雕做工讲究，典雅精致，镏金异彩。

据本族宗谱记载，叶姓先祖在元朝已经到达广东，在此定居。本村叶姓与墩头村、桂庙新村叶姓为同宗。

二、墩头叶氏宗祠

墩头叶氏宗祠大门

地址： 南山区丁头村内，南新路南山市场西。

结构： 坐南朝北，三开三进，两廊房结构，壁画精美。该村人建村立祠已有二十七代人，历经战乱及风雨侵蚀，至今仍存。目前所看到的是1987年重修后的风貌。

壁画檐雕

墩仁里

　　丁头村叶氏与桂庙村叶氏同属叶氏兆兴公第三子禹山的后裔。其生三：秀松、秀柏、秀梅。元朝末期迁来龟庙骑岭，秀松子后迁西乡，秀柏子孙世居骑岭龟庙（今桂庙村），秀梅迁墩头村（今丁头村），祠堂在墩溪里和墩仁里之间。

27

三、南园吴氏宗祠

南园吴氏宗祠大门

八角亭（仪门）

地址： 南山区南园村内。

结构： 坐东朝西，面宽
13.8米，进深52米，三开三进
结构，门厅两侧有耳房，门厅
和戏台之间有仪门，后檐设戏
台。戏台呈方形，六根石柱，
三方敞开，台后设立屏风六
扇。正厅三开间，左侧是南园
村历史简介。以祠堂为中心，
前面左右街道、广场、照壁、
南园小学（已转移）、五角
亭、镇国将军祠、民居等。该
祠堂是南山区文物保护单位，
始建于元代，后经历次重修，
现在所见是1990年重修后的规
模。祠内最有特色的是其仪
门，当地人称八角亭，造型巍
峨，结构古朴，木器雕刻精
致，用以标榜历代祖先功绩，
后因飓风破坏全毁。重修时凭
村中父老记忆，按原样设计，
保持了原有旧貌。南园吴氏历
代科甲鼎盛，人才辈出，宋元
明以来在朝为官或考取功名者
一百多人，为南头望族。在祠
堂周围，分布着几家支祠和纪
念祠。

南园小学始建于20世纪20
年代，为南园吴氏海外华侨捐
款所建，是当时宝安县唯一的

南园小学

镇国将军祠

29

洋房小学，除本村孩子外也有外村孩子在此就读。

　　镇国将军吴应雷，南园村吴氏祖先，广东增城雅瑶乡人，出生于宋末，因军功被元朝皇帝赐予镇国将军封号。清同治年间，南园村人于八月初八从雅瑶乡迎请镇国将军神位建祠供奉。八月初八成为该村民重要节日。

双州吴公祠

吴氏祠堂附近的六角亭

四、南山陈氏宗祠

地址：南山区南山村内。

结构：坐东朝西，三开三进，两天井结构。门厅后是戏台，没有连廊，戏台宽阔，有六柱七梁。台后有六扇屏风，雕"吉祥如意"四字，后面正厅三开，正堂两侧是封闭耳房。祠堂门前有照壁，照壁上以鱼形雕塑装饰。据记载，本地陈氏出自虞史颍川，由六世祖陈梦龙繁衍而来，是沙井陈氏分支。我国早期工人运动的先驱，曾任中共广东省委书记、广东省省长等领导职务的陈郁就是该村人。以陈氏宗祠为中心，周边还有"协庐"、陈郁故居等。

南山陈氏宗祠大门

南山村西巷道230号，原"协庐"所在地

阐所陈公祠为南山陈氏其中一支

陈郁故居

五、涌下村郑氏宗祠

地址：南新路西与桃园路北交界处涌下村。

结构：坐东朝西，三开三进，两天井结构，有连廊。门厅后面有戏台，石柱木柱混搭，台上有六扇屏风，屏风后正厅，无耳房。门前是一条小区马路。据《郑氏族谱》记载，该祠堂已有四百多年的历史，是郑氏三世祖南蒲公第三子礼祖公祠堂，莘塘、福源村、大冲、大鹏等地郑氏皆为礼祖公后裔。

涌下村郑氏宗祠大门

祠堂前厅有匾额"光前裕后""宗谊永固"。

祠堂正厅有匾额"同心协力""同心同德"。

祠堂寝堂有匾额"祖泽绵长""祖德流芳"。

雕刻以龙、凤、虎、鹿等动物为主，祠堂曾作为农民运动讲习所用。

雕刻

六、平山村方氏宗祠

平山村方氏宗祠大门

地址：南山西丽平山村。

结构：三开三进，有连廊，从门厅到正厅再到寝堂，呈三级台阶，连廊宽阔，宛如进入宫殿，装饰得富丽堂皇。门厅后是正厅，厅后六扇屏风。从正厅到寝堂连廊处有仪门。

祠堂重修较晚，里面多石柱，台阶扶栏也多用石材，木雕、石雕讲究、奢华，檐画美轮美奂。整个建筑古色古香，集传统建筑工艺于大成。

平山村内祠堂遗留较多，除开山祖外，还有广阳方氏祠堂和西溪方氏祠堂，它们为祖孙三代。

石柱、台阶扶栏

广阳方氏祠堂和西溪方氏祠堂并排而立，都是三开两进且中间有通道，无耳房，在祠堂布局中较少见到，里面陈设简单。

广阳方氏祠堂和西溪方氏祠堂

七、塘朗村郑氏宗祠

塘朗村郑氏宗祠大门

地址：南山塘朗社区内。

结构：建于清代，坐东朝西，三开两进，房屋结构以石柱、石础为特色。该村由宋朝郑仁及其子孙修筑而成，因村前有池塘而得名，祠堂前面有一禾坪和大月池，周边散布有其他分祠和纪念祠——女祠。祠内梁、壁上多绘画和神仙故事。

祠内梁、壁上的绘画和神仙故事

祠堂门联：荥阳世泽源流远

　　　　　塘朗家声奕荣长

门联既说明了郑氏来历和其他郑氏的关系，也表达了当下新时代郑氏人生活的现状和远景。

悦富郑公祠为塘朗山郑氏一个分支

八、凤孙吴公祠

凤孙吴公祠正门

朱漆大门

地址：南山区南光村横龙岗。

结构：创建于明代。2007年，祠堂因年久失修拆除重建。2011年，因祠堂屋瓦掉落拆除了墙壁重修。2012年祠堂扩建，为三开二进一天井的祠堂。按广府宗祠风格建造，青砖绿瓦，条石铺地。门匾"祖德流芳"，门口楹联"勃海跃横龙直向禹门及浪，延陵鸣瑞鸟久纵圣世来仪"，镏金大字，对仗齐整。青砖铺墙，壁上彩色壁画艳丽，大红灯笼高挂大门两边。朱漆大门上，彩绘着两大门神，威风凛凛守护祠堂，惟妙惟肖，简直呼之欲出。稍前正中，一朱漆屏风门设立前厅厅门，上有金漆绘画花鸟。

前堂

前堂青石铺地，中堂有天井，左右为廊庑，金色的大铜鼎供祭拜插香之用。后厅为祖堂，在这里供奉着祖先牌位和祖先像，廊木檐柱，雕刻生动，鸟翔花盛，图文清晰。彩绘彩雕精美，点缀在古祠的梁架、屋檐、壁面、瓦脊上，比比皆是。木雕砖雕刀工精巧，花草蜂蝶，腾龙走虎，飞鸟云天，栩栩如生。

注：该村吴氏与南园村吴氏为同宗。

九、桂庙路向南郑氏宗祠

地址：南山区向南村西街。

结构：坐北朝南，三开三进，两天井，始建于明中期，现建筑为清代建筑，局部进行现代改造。面阔12.4米，深45米，有前厅、中厅（正厅）和后堂（寝堂）及左右廊等。大门两侧有塾台，门额石匾刻有"郑氏宗祠"，左右廊为穿斗式梁架，中厅保留有明代八角石柱及石础各三对，后堂有石柱和石础一对。后堂中间嵌有石刻"荥阳堂"三字，前面左右两侧有明代古井两口。深圳地区的祠堂梁架大多使用梁穿柱式或者抬梁式，向南宗祠却是两种式样同时使用的宗祠，其梁架前堂、中堂为抬梁式，后堂为梁穿柱式。该宗祠保存完好，对研究深圳地区移民生息、风土人情、社会历史等有重要价值。

桂庙路向南郑氏宗祠大门

祠堂内的享堂神主排位

祠堂内景

| 福田区祠堂 |

一、上沙怀德黄公祠

上沙怀德黄公祠

祠堂大门

昭明堂

地址：上沙村文化广场内。

结构：坐北朝南，始建于元代，堂号"昭明堂"，是深圳祠堂中以人名命名的最早祠堂，由黄怀德后裔建造纪念其祖。黄怀德是上沙第三世始祖，生于南宋乾道八年（1172），卒于淳佑元年（1241）。现祠堂重建于1991年，由上沙黄氏家族及港澳、海外华侨捐资修建，保留的是清代建筑风格。祠堂面宽12.9米，深37.18米，建筑面积479.6平方米，为三开三进两天井砖石木结构，内部保留有部分明代条石地面和石柱，硬山顶，灰塑龙船脊，人字形山墙，辘筒瓦屋面，琉璃瓦剪边，青色砖墙，古朴庄严。

大门楹联："参山衍派，椰树长春"。"参山"是东晋南越之地有名的孝子黄舒的化名。关于此联，一说上沙黄氏可能与黄舒有关，一说黄氏认同、表达黄舒的孝道观念，把他尊为后人学习的榜样。

该祠堂一直由黄氏家族管理，20世纪50年代以后曾经改为小学、公社食堂、糖厂、酒厂、碾米厂和粮食仓库。80年代中期收归上沙实业股份有限公司。2001年10月公布为福田区级文物保护单位。

在怀德黄公祠左侧方有一天后宫。因上沙居民临海而居，除了开荒耕作，也出海打渔，为了求得庇护，保佑家人平安归来，上沙人受妈祖文化影响修建了妈祖庙。天后宫三开两进一天井，砖木结构，面阔约10米，深13.8米，建筑风格与黄怀公祠相似。在天后宫入口有一块麻石匾额"天后宫"，匾额两侧刻有"黄日炫书"和"乙卯莫春重修"。根据上沙黄氏族谱，黄日炫生于同治七年（1868），所以可以判断，天后宫在1915年已进行过重修，1991年在此基础上再予以重修。

天后宫

二、下沙黄思铭公世祠

地址： 下沙社区。

结构： 始建于明代，经历代维修，现存建筑为清代风格。宗祠为三进三开间二天井建筑，宽14米，进深43米，建筑面积602平方米，气势壮观，布局严谨，正殿上方木匾"守箴堂"，殿内香案神位供奉着黄氏列祖列宗，正中人物画像为始祖"峭山公遗像"，两侧对联"思泽继源感德难忘建祠昭祖业""铭基念本知恩期报立训荫宗人"，横批"祖德流芳"。现存建筑为1995年重修，是一座青砖、灰瓦、花岗岩石柱的古式建筑，柱上有禽、狮等石雕，正脊以五彩琉璃装饰，中部雕云、龙、麒麟、虎、树、亭等，两端是彩色陶

大门

制鸥尾，延展如飞，甚为讲究。黄思铭公世祠是深圳现存最大的古代宗祠建筑之一，1998年7月15日被深圳市人民政府公布为深圳市文物保护单位。

下沙黄思铭公世祠外景

正　殿

正　脊

　　据下沙《黄氏家乘》记载：黄思铭，名亮，生于明洪武庚午年（1390）
九月初二，是黄氏家族历史上的一位重要人物。明代晚期，为纪念黄思铭的
功绩，其后人在村内建了黄思铭公世祠，大门右、左有上下对联"泽传参
里""声讫程乡"。

陈杨侯王庙

　　在祠堂旁边有附属建筑陈杨侯王庙，建于明代，清道光十一年（1831）
重建，从兴建开始一直香火鼎盛，为深圳少见、颇具特色的古建筑。1994
年，侯王庙曾重修一次。2010年再一次重修侯王庙，它的砖瓦木石、建筑理
念、格局空间、颜色布局遵循数百年前明清建筑的样式。青砖按古代烧制
方法出窑，共计用了8万块青砖；庙顶黑瓦用古法烧制而成，用了45000块瓦
片；庙檐为冬瓜青琉璃瓦，所有的镂花栏板、屏风、楹联、龙凤柱、神像，
均用99.99％的纯金箔包裹，占据了主殿的百分之八十；用岭南风格的灰塑
打造出庙中雕塑；庙顶陶瓷脊由中山制陶大师采用清朝技术，用松柴烧制而
成；梁架、斗拱、墙壁图案，由九个民间画匠花2个月时间进行手工绘制。殿
外对联："恩涵西海波光远""威镇南山地势尊"。2010年9月奠基，2012年
5月完工，一座全新的占地480平方米、二进三开间一天井院落的侯王庙举办
了简单而隆重的重光庆典。

三、石厦潘氏宗祠

石厦潘氏宗祠全景

大　门

地址： 石厦社区南边。

结构： 建于清朝年间，潘氏后裔在"新屋"建起了潘氏宗祠。潘氏宗祠为三开两进一天井的建筑结构，面宽10.9米，进深19.3米，占地面积210.37平方米（1990年重修，将墙体用砖石重建，顶盖琉璃瓦）。如今大门有对联，上联"派衍荥阳木本水源崇德报功縣祖泽"，下联"支分石厦地灵人杰经文纬武振家声"，有天井、正堂、左右厅、石狮。

石厦明代建村，原意为"大石岭下"，潘氏祠堂是石厦立村的历史见证。

潘氏祠堂围墙大门

鳌 鱼

醒 狮

祠堂内外的建筑构件、雕琢饰物，都有其深刻的寓意。屋脊的鳌鱼、醒狮是本祠堂族姓的子弟曾经得过功名的一种炫耀，祠堂内雕琢花饰的图案和吉祥物，都演绎着建祠堂人的一种追求。

四、上梅林梅庄黄公祠

外 景

地址：上梅林的祠堂村内，从上梅林村牌坊步行50米即到。

结构：坐北朝南，其面宽13米，进深32.8米，占地426平方米，是一座三进四合院格局的祠堂。祠堂内的梁柱、廊檐、山墙和屋脊都有彩绘雕刻，有花草、鸟兽、人物或田园风光，特别是其中的壁画以古人的传统故事为题材，教人行善积德。整个宗祠集泥水、木工、画工和雕工等艺术为一体，具有岭南建筑的艺术风格。

大 门

祠堂大门的花岗岩门框上镌刻着一副门联："风高宋室""肇衍莲城"。对联点明了黄氏祖先开基宝安的历史可以一直上溯至八百年前的宋朝。因为宝安县城南头又名"莲子城"，所以称为"肇衍莲城"。

祠堂门前的浮雕墙

祠堂始建于明代，90年代重修。近代日寇入侵时曾驻扎于此，1945年，黄公祠为宝三区联乡办事处，是日寇侵略深圳的见证和革命旧址。2001年10月，经福田区人民政府批准，上梅林梅庄黄公祠被列为区级文物保护单位。

黄公祠右后边附属建筑为龙母宫，建于明代，重修于清乾隆年间，这使得它的建筑有着清代的外观、明代的内部结构和布局。龙母宫是一个三间二进中亭阁的建筑，面阔7.42米，进深16米，主体为砖木结构。四周墙体用青砖砌筑，室内抬梁式木结构梁架。主要的承重柱子（10根）和部分额枋用花岗岩制成。从高处往下看，可以看到龙母宫的屋面为辘筒灰瓦，博古屋脊。正脊上有灰塑的动植物图案。

龙母崇拜是古越族和南下汉族移民之间民族和文化融合的历史见证。该建筑是深圳地区目前所发现的唯一一座龙母宫，对于研究深圳地区的民族史、移民发展史和文化发展史有着重要的价值。

2001年，龙母宫及其相邻的梅庄黄公祠一起，被福田区人民政府列为深圳市福田区文物保护单位。

龙母宫壁画

龙母宫

五、下梅林郑氏宗祠

大 门

地址： 下梅林社区。

结构： 坐西朝东，平面布置为三开两进，中间有一个天井，天井两侧为卷棚式长廊。建筑主体为砖木结构，四周墙体用青砖砌筑，室内为抬梁式木架结构，部分梁枋上有精美的木雕构件，承重柱子为花岗岩制作，部分石作构件有石雕，整个建筑有明代遗风，是深圳市现存最早的客家建筑之一，具有重要的历史、文物价值。始建失考，重修于1995年。2001年，郑氏宗祠被福田区人民政府列为第一批区级文物保护单位。

祠堂内全景图

匾额"明经进士"

郑氏宗祠

　　郑氏宗祠属通德堂清之公支派，系十二世祖庭礼公子孙所有，祠堂的后堂墙上有一方茶褐色木匾。匾上镌有"明经进士"四个大字，匾上的年款是同治十三年（1874），落款为"恩授第一名贡生郑凤翔"。起初，下梅林村许多村民，都不知道有这块匾，后在1995年重修祠堂时找到，祠堂修好后重挂于正堂。

　　郑华凤，榜名凤翔，明经进士，恩授第一名附贡生，于道光辛卯年为下梅林庭礼公房辑续郑氏族谱《华凤志》。

六、庄氏宗祠与皇岗庄氏祠堂

地址：庄氏宗祠在皇岗下围三坊。

结构：三开三进两天井，始建于清朝乾隆年间，属原皇岗村四个围村村民所共有。正面宽约15米，进深约40米。宗祠大门外面两侧有塾台，前、后天井两侧建有廊房。算起来已有近300年历史了，现立于福民路北边，破败不堪，祠内有匾额"庄氏宗祠"。在改革开放前，曾做过仓库、学校。"文革"期间，里面精美的雕塑被毁坏，祖宗牌位等作为封建迷信被烧毁。1980年，水围村从皇岗村分离出去，但这里一直还是周边庄氏村民祭拜的场所。1993年，政府修建福民路，庄氏宗祠大部分在拆除范围内。皇岗村与水围村协商重建一所宗祠，未果。于是，皇岗村三个围村村民自行独立在原吉龙村背仔岭上重建皇岗庄氏宗祠。

皇岗村庄氏老祠堂

55

皇岗村庄氏新祠堂

新皇岗庄氏宗祠坐西朝东，占地20000平方米，建筑面积3800平方米。按岭南建筑风格设三进殿堂，前后三排飞檐。祠堂每进之间有庭院相隔，南北两边各有四间厢房，由廊道相连。整个建筑雕梁画栋，做工讲究，极尽奢华。

祠堂内宽大的正厅

祠堂大门前精美的雕刻石柱

老祠堂里的雕刻

　　深圳皇岗的庄氏族人主要是福建永春桃源始祖庄森公四房十世孙庄敬德后裔，他们在这片土地上艰辛耕耘、披荆斩棘、勇于拼搏、耕读兼顾，发桃源之祥，振锦绣家风。这里现在是深圳市中心区。

七、新洲简氏宗祠

地址：新洲祠堂村，新洲路旁。

结构：坐东北朝西南，三进二开间二天井。始建于清嘉庆六年（1801），现代重修。面阔12.65米，进深32.05米，占地面积405平方米。祠堂的建筑主体为砖木结构，四周墙体用青砖砌筑，辘筒灰瓦屋面，绿琉璃瓦剪边。正脊平直，中段雕绘有龙、鱼、狮、鸳鸯等彩色图案，两端做博古饰，各有一彩色陶制鳌鱼，尾部上翘。垂脊的下部各有一黄色琉璃狮子作装饰。两侧山墙青砖红瓦、雕梁画栋以及相对矮小的外形，在周边高楼大厦中格外显眼。室内为抬梁式木结构梁架，部分梁架上有精美木雕构件，承重柱为花岗岩石柱，部分石作构件有石雕，整个营造手法有明代遗风。2001年，该宗祠被深圳福田区人民政府列为第一批区级文物保护单位。

大　门

内 院

新洲简氏宗祠记

　　据《粤东简氏大同谱》记载：简南溪为新洲立村始祖，"明代由东莞县罗村迁新安县新洲乡，今新安改名宝安，世居如故也"。新洲村有一个习俗，新人都要到祠堂里拜祖宗。每年重阳节，新洲子孙都会从各地回到村里参加祭祖仪式，在新洲祠堂前广场举行盆菜聚餐。数百年来，简氏家族薪火相传，简氏宗祠也成为家族精神文化的象征，见证和记录了新洲的历史。

罗湖区祠堂

一、湖贝怀月张公祠

怀月张公祠大门

地址： 湖贝社区南坊529号。

结构： 坐北朝南，三开两进布局。面阔11.7米，进深26.8米。前堂平面呈"凹"形，大门上方有"怀月张公祠""嘉庆九年甲子岁吉日立"。前檐柱间以石月梁式额枋相连，上置石雕柁墩承檐檩，下有雀替，柁墩、雀替上皆是人物故事、卷云等。抬梁式结构，梁和斗拱都是花岗岩石质，前后檐均有木雕封住檐板，上面画有二龙戏珠图案等。尖山式硬山，辘筒灰瓦面，绿琉璃瓦剪边。天井两侧有廊庑，且前后相同。天井中部有一牌坊，船形迹，正面书"金鉴流芳"，背面书"曲江风度"，这两个典故均是歌颂唐代宰相张九龄的。

仪 门

祠内的享堂

后堂为三开间，天井廊庑和后堂梁架现已改造为水泥板。

据张氏家谱记载，明成化年间（1465—1487），十三世祖张怀月与其弟念月择居湖贝，开基立村，至今已有500多年的历史。该祠是明代中期湖贝张氏族人为纪念开基始祖张怀月而创建。湖贝村张氏，以及黄贝岭、水贝村、向西村等张氏乃张九龄之弟张九皋的后裔。

1925年2月大革命时期，广州革命军第一次东征，讨伐军阀陈炯明，黄埔军校的师生曾驻扎于此，并开设"贫民夜校"，黄埔军校政治部主任周恩来等在此给农军演讲。同年6月省港大罢工时，在此设大罢工的工人接待站，其后为省港大罢工工人纠察队深圳支队的队部，成为深圳仅存的省港大罢工旧址。该祠一直由张氏家族管理。1951年土地改革时，成为农会会址。稍后又先后成为湖溪小学、西湖小学的校址。

二、笋岗村何真公祠

祠堂大门

屋顶精美的雕饰

祠堂内的天井

地址： 笋岗新村东北边，原址在老围祠堂村内，1920年迁到祠堂村东南方向，1999年因特区建设，再迁现址重修。

结构： 新建祠堂三开三进深，包括头门、廊庑、天井、中堂和正堂，另有附属用房。祠堂采用钢筋混凝土结构，前堂的平面设有鼓台。砖墙外贴朱红色陶质面砖，黄琉璃屋顶。屋脊、屋檐、墙壁装饰精细，祠内有石雕、壁画、书法、木刻等艺术品，富丽堂皇，美轮美奂。宗祠大门对联："开国功臣府""元勋世胄家"。此对联讲的是元末、明初统一岭南的明开国元勋、功封东莞伯的何真，笋岗村乃何真发迹之地，笋岗村何氏俱其后裔。

何真，元至正初年为河源县副使，后为淡水盐场管勾。元末天下大乱，何真弃官归家，聚众保乡里，后居泥岗（今笋岗村），不久为广东参知政事，进江西省等处行省中书左丞，分治广州。明洪武元年（1368）降明，洪武二十年（1387）封东莞伯。洪武二十一年（1388），何真逝世，死前无一语及家事，朱元璋叹道"真男子"。子孙后受"蓝玉案"牵连，几乎满门抄斩，凭借着朱元璋授予的"子免一死"的御

大门外的石雕壁画

牌，何真的第五子何崇携带部分家属逃往岭南一带，最终在笋岗片区定居，渐渐安定下来。后何真四世孙何云霖带领族人修庙宇，建寨式围屋，后为纪念何真，命名族众围村叫"元勋旧址"，何氏宗祠也叫何真公祠。

三、黄贝岭村张氏宗祠

地址：罗湖区深南东路，黄贝岭村内。

结构：现代重建，楼高两层，通体白色，与附近向西村宗祠堪称姊妹篇。黄贝岭村张氏与罗湖水贝、湖贝、向西等地的张氏同属一脉，即唐朝时著名宰相张九龄的弟弟张九皋的子孙，宋朝时由韶关曲江迁至东莞。明洪武二年（1369），为了躲避钱粮公差，东莞张氏的一支又举家迁到大鹏镇叠福九顿山下隐居，历经两三代之后，搬迁到罗湖黄贝岭一带。当年爱月、思月、怀月、念月4兄弟分别在向西、水贝、湖贝立村，张爱月的叔叔张靖轩则于明成化二年（1466）4月开村创建了黄贝岭村，距今500多年。这几个村子距离很近，也是罗湖地区较早的移民。

黄贝岭村张氏宗祠

张氏宗祠的雕刻石柱

祠内红色为主色调的内景

四、向西村张氏宗祠

向西爱月张公祠

地址：原祠位于向西老村现嘉宾路金鼎大厦售楼部，1998年因特区建设需要，张氏宗祠在改造中拆除。2001年10月26日，重新建造的向西爱月、爵先张公祠堂在原宗祠斜对面正式竣工落成。

结构：原向西村的爵先张公祠堂建造于清乾隆末年嘉庆初年，距今200多年历史。重建后的祠堂，占地面积约320平方米，楼高三层，以暗红色为主体，框架结构，通体装饰突出镂窗、黄色琉璃瓦，古色古香。向西村历史上曾4次撰写族谱，最早一次可追溯到明朝洪武十年（1377）八世祖张景登修订的《清河小引》，第4次修订则是1912年的《西溪家乘》。据族谱记载，明朝时期，张氏第十三世祖爱月与族人搬迁到罗湖创立了向西村，迄今已有630余年历史。

| 宝安区祠堂 |

一、新桥曾氏大宗祠

曾氏大宗祠外全景图

大 门

地址： 沙井街道新桥社区。

结构： 宗祠坐西北朝东南，为五开间三进深布局，由前堂、牌楼、中堂、后堂和前中后庭院天井、左右重檐歇山亭、花厅等组成，面宽20米，进深50米。始建于清乾隆年间，嘉庆三年（1798）扩建。

旗 杆

祠内彩绘壁画

宗祠前有旗杆多对，旧时凡族中子弟中举或升官，均在宗祠前立杆竖旗，光宗耀祖。

牌匾

花岗岩石牌坊

祠堂内外有大量的牌匾石碑，花岗岩石牌坊位于前天井前，正面额书"大学家风"，北面额书"片石流辉"。前额表彰其远祖曾子的功绩，将曾子治国安邦平天下的学论视为传家之宝。后额记载番禺小龙始祖曾仕行、新桥始祖曾仕贵兄弟两人为躲避搜查皇妃之乱，自南雄珠玑巷逃难到广州，兄弟二人分手时剖石为符的故事。门额刻"曾氏大宗祠"，对联为"天下斯文宗一贯""古今乔木第三家"，内有"诗礼传家"及叶名琛所题"保障一方"木匾，中厅上挂"大学堂"。祠堂檐壁有很多清代壁画及书法，壁画多人物故事彩绘，已近200个春秋，神韵犹在，栩栩如生。

新桥古村是曾氏南迁宝安的始源地，曾氏大宗祠是上星、上寮、新二、黄埔、南洞、长圳、玉律、塘家曾屋、石岩浪心、东莞麻涌、化州平垌的主祠，人口超过3万人，在宝安来讲算是首屈一指的大村大族群体。1984年9月6日被列为深圳市第二批重点文物保护单位，2002年7月17日被列为第四批广东省重点文物保护单位。

宗祠附近的曾氏家祠

二、沙井江氏大宗祠

沙井江氏大宗祠外景

地址：沙井街道步涌社区。

结构：三开三进，第二、第三进还保持着清代中晚期风格，砖木结构，抬梁式木结构架梁，架梁上布满精美的雕刻，梁下圆柱用红石凿制。中堂与后堂之间的庭院两侧各有面阔三间的卷棚敞廊。

蚝壳墙近景

大　门

蚝壳墙远景

　　江氏大宗祠建筑最突出的特点就是它的蚝壳墙，据资料称已经有几百年的历史，是祖辈村民在海岸沙堤掘出大量蚝壳建造的房子。用这种材料铸造的房子冬暖夏凉，不怕虫蛀，不积雨水，很适合岭南的气候。

　　宗祠附近还有宗汉公家塾、静安江公祠和关帝古庙等建筑，形成了一个古建筑群，1999年3月被列为宝安区文物保护单位。

江氏大宗祠

三、上合黄氏宗祠

上合黄氏宗祠

地址： 新安上合社区。

结构： 黄氏宗祠建于明代，距今已有600多年的历史。本祠堂是为纪念晋朝先祖黄舒而建，黄舒是深圳最早的广府黄氏，著名的"南粤孝子"。公元331年，东晋设立东官郡后，他的父亲黄教就来到东官郡宝安县的一个村子。黄舒死后葬于大田乡猪母岗，就在现今的步涌村大田路旁。黄舒之孝千古留名。

前天井石牌坊

该祠堂三开三进布局，前宽9米，后宽10米，前堂大门石匾书"黄氏宗祠"，两侧对联"江夏先声""珠玑旧业"。前天井立一座四柱三间三段式石牌坊，匾额上书有"孝行流芳"，上面盖着琉璃瓦，是道光至光绪年间重修所增。

中堂屏风上的"敦睦堂"木匾

中堂屏风上挂"敦睦堂"木匾，旁边立有该村的黄姑婆神位，因为她是女性，所以就单独在外面修了一个牌位。这在所有宗祠中是很少见的。

黄氏的另一支祠堂，解放前历经多次轰炸，只剩下一块牌坊，有400余年了。

黄氏另一支的牌坊

木雕、石刻

整个宗祠的木雕、石刻等雕工细腻，用料上乘，1998年被列为深圳市级文物保护单位。

四、沙井沙三陈氏宗祠

祠堂外景

大 门

地址：沙井三村四巷33号。

结构：坐西北向东南，五开四进三天井四廊庑布局，面阔18.2米，进深55.5米。砖木石结构，墙体用青砖砌筑，木构架梁，屋顶全是绿色琉璃瓦。祠堂规模大，建筑结构复杂，里面木刻、灰塑、雕刻艺术水平高，整个建筑具有较高的艺术、科学价值。

祠内石柱、梁

祠堂在清乾隆十九年（1754）以前就有，当时有南北二祠，北祠即今陈氏宗祠，最早是为祭祀始祖陈朝举至十世列祖列宗。祠堂曾有道光钦赐大匾"义德堂"，现祠堂为1992年重修。

祠内"举人"牌匾

举人牌匾

沙井陈氏始祖陈朝举，宋淳熙年间进士，朱熹的高徒，学识渊博，正议大夫。因避战乱，自洛阳辗转南迁，起初落脚南雄珠玑巷，后立家东莞归德场涌口里。其后裔大致分三支，在今沙井、松岗燕川、横岗荷坳等地。该祠堂对研究深圳地区人口迁移和民俗文化有一定的参考意义。

五、松岗东方文氏大宗祠

地址：松岗街道东方社区东方村。

结构：为三开间三进深布局，面阔13.7米，进深30米，占地面积415平方米，砖木结构，砖墙下部用红条石垒砌，木梁上有雕饰，整体风格简洁朴实。前堂大门两侧设有塾台，门下有高大门枕石，门内有一扇屏风。前后出檐廊，檐板皆有花卉、人物、瑞兽图案，廊梁架的结点上雕有动物、人物、花草的柁墩、斗拱和圆斗状瓜柱。天井两侧设亭台式廊庑。

祠堂大门

祠堂的享堂

天 井

大门前的门联

中堂为硬山，船形正、垂脊，屋顶灰瓦，琉璃瓦剪边，镬耳式山墙。中堂后部有两道加墙，中堂后墙两侧各有一道边门通向后堂。梁架是抬梁与穿斗式结合，结点用圆斗状瓜柱。文氏大宗祠于2003年被宝安区人民政府列为区级文物保护单位。

先祖文天祥雕塑

文氏在深圳是一批较早的原住民，因文天祥在中国历史上的地位和影响，深圳各文氏祠堂都有大量关于文天祥的烙印。史料记载，文天祥在广东抗元失败后，胞弟文璧降元。文璧有三个儿子：长子文隆子；次子文升子，过继胞兄文天祥；三子文京子，过继堂兄文天瑞。文应麟是文隆子的长子，南宋灭亡后，为逃避元军追杀，其堂伯爷文天瑞和父亲文隆子带着族裔四处躲避。后来，文天瑞辗转到达海南。文应麟对祖父文璧投降之举介怀，"耻之"，不久随父亲携起东、起南二子重回新安县松岗鹤仔园（今松岗蚝涌村）归隐。此后几百年，文氏子孙在深圳一带开枝散叶。

文氏大宗祠始建于明洪武年间，清朝中晚期，族人曾对宗祠进行过修葺，现存建筑主体风格具有鲜明的岭南特色。

2001年11月，"七房"后裔代表（包括宝安、东莞地区文氏长老、香港文氏宗亲总会、旅居海外的文氏宗亲等）达成共识，筹集资金修缮宗祠。修缮后的宗祠除保持宗祠的功用外，同时也被辟为"文天祥纪念馆"。在宗祠前的广场上树立文天祥的全身雕像，大门两侧树立"宋廷柱石""文庙馨香"的对联。左右两侧的墙壁上，一侧镶嵌用花岗岩镌刻的《正气歌》，另一侧镶嵌文氏"七房"的起源与发展变迁。

文天祥纪念馆

六、凤凰文氏宗祠

地址：位于宝安福永凤凰山脚下。

结构：原祠堂是明清时期建筑，三开两进，损坏严重，现祠堂是当代重修。围绕祠堂，这里形成了一个古村落群。元大德年间，为避元人，文天祥孙辈文应麟携二子及部分族人迁至宝安福永岭下村（今凤凰村）定居，开村立业，繁衍后代。

祠堂外景

祠堂内景

祠堂外古井

　　祠堂外古井，年代不明，据说是村里最早的一口井，始建于宋代，现在仍旧供当地居民使用。

文昌塔

在祠堂外部200米处，有一座文昌塔，此塔建于清嘉庆年间，1991年重修，楼阁式砖木结构，六角六层，为国内罕见的六层古塔。

祠堂附近茅山公家塾

茅山公家塾是深圳目前发现最早的学校，始建于明代。该塾坐东北朝西南，占地面积223.34平方米，为三开间两进深一天井布局。文氏后人落户凤凰古村后，文化传承仍为头等大事，在古村中可以找到许多私塾。

七、甲岸黄氏宗祠

地址：宝安甲岸村。

结构：三开两进布局，1996年重修。砖木结构，内外墙装饰现代瓷砖，壁画也采用现代瓷砖。祠堂规模不大，但前门两个塾台较大，特别显眼。大门处对联和厅堂堂号"黄克绳堂"彰显了本宗黄氏的来龙去脉。

大门处对联

厅堂堂号"黄克绳堂"

祠堂墙上的壁画

八、怀德潘氏宗祠

地址： 宝安区福永大道旁怀德村。

结构： 三开三进深布局，砖石木结构，始建于元朝辛亥年（1311），是深圳最早的宗祠之一。后因风雨侵蚀，祠堂墙体、瓦片、石刻损毁严重，两次重建，第一次在清乾隆庚子年（1780），现建筑于1992年重修竣工。新建祠堂台基升高，柱础多石质，梁檐雕龙画凤，栩栩如生，屏风镂窗、前厅墙壁石刻多以花鸟为题材，做工精良，美轮美奂。

宝安潘氏始祖来自宋朝中原南迁移民。潘英甲（字仲鉴）为朝廷命官，剿寇有功，镇守闽粤。南宋末年，天下大乱，潘英甲携妻儿从南雄布局，经南海最后抵达东莞学前定居，成为宝安潘氏始祖。福田石厦村潘氏乃该宗支系。

祠堂外景

寻根回祖
——深圳祠堂掠影

祠堂享堂神主位

祠堂廊庑

九、乐群郑氏宗祠

祠堂大门

祠堂外月池

地址：宝安区新乐村共乐路。

结构：修建于清光绪四年（1878），坐北朝南，祠堂前面有一个大池塘。三开三进深，加一跨院组成。砖木石结构，木构架梁、雕花柁墩、清水砖墙、硬山顶、平脊，脊上装饰彩色灰塑，覆盖桐輓灰瓦。门前有塾台，前后天井两侧各有廊庑。祠堂布局严整，做工精细，木、石雕刻技术精良。虽经多次维修，整体保持了晚清风格。

祠堂内的享堂

此郑氏宗祠为南头郑柏锋郑氏宗祠分祠。一进匾额为"光前裕后"，两边柱子原本是木柱，现已为石柱。二进上书"悬壶济世"。三进为绣成的对联，上联"行耀世宗后继有人"，下联"德荟众生福泽无疆"，横批曰"一德堂"。不难看出，此为一医药世家。

重大节日，祠堂就成为宗族人聚会聚餐的场地

祠堂保存的同治年间的匾额

祠堂成为族人聚集活动的场所

十、固戍姜氏大宗祠

始建于清代，现代重修，三开两进，砖木石结构。室内多石柱，穿斗梁。里面有仪门，仪门额上书有"蟠溪瑞麟"，追寻始祖姜太公。大门楹联"祠对鳌峰直蹑鳌头而上""堂环虎石应对虎榜之先"，房梁上刻"二龙戏珠"图案。

固戍始祖姜其锡乃一渔民之子，自小成为孤儿，随一精通风水的和尚云游天涯，七十岁后回到固戍，看到这人烟稀少，在附近建文昌阁，此后人丁兴旺，亦渔亦农。祠堂附近还有周衮姜公祠、佑文姜公祠、文昌阁、芳庸家塾等建筑。

祠堂外景

祠内穿斗和抬梁结合的梁架

祠内的仪门

｜光明区祠堂｜

一、合水口麦氏大宗祠

俯瞰麦氏大宗祠

　　地址：公明办事处合水口社区。

　　结构：建于明末，坐南朝北，宗祠现存主体结构为清代风格，但保留了明代建筑布局和部分明代建筑构件。该祠三开三进布局，前低后高拾级而上，内树立造型别致的花岗岩大牌坊，上雕刻"宿国流芳""入孝""出悌"等字句。门前砖墙下半部分用红石垒砌，八角形红石柱、名贵木大圆柱挺立，格木作梁架，梁梁相托，雕龙刻凤，檐口彩绘民间故事、花草树木，栩栩如生，是一座集泥塑、石刻、木雕（浮雕）、彩绘于一体的具有鲜明岭南广府特色的传统宗祠。

大　门

　　麦氏是岭南大姓，祖先麦饶丰，是广东韶关始兴人，隋朝名将，授车骑大将军，多次为国立功，后与杨素东征辽东以身殉国，被封为宿国公、武烈，御赐衣锦坊，葬于韶关百里顺龙头坑。南宋末年，后裔麦必荣、麦必达携家眷及乡族人等南渡。子孙麦有登、麦有成等族人，建祠堂于靖康乌沙桥东。之后由麦彦嘉之子麦富，号南溪，于明朝永乐二十一年（1423）迁至合水口定居，繁衍至今。成为公明办事处麦氏家族最大聚居之地，合水口麦氏祠堂是合水口、茨田埔、马山头、根竹园、碧眼、白芋泥等地的总祠。它对研究深圳移民迁徙和开发有一定的价值。

二、允彩陈公祠

祠堂外景

祠堂内景

地址：公明街道西田村西南。

结构：三开二进，清同治甲子年间建筑，砖石木结构，大门顶同治年间的"允彩陈公祠"牌匾保存清晰完整。室内两侧廊庑较宽，后堂内有一对圆形石柱和两对方形石柱，抬梁结构。虽显陈旧且屋脊斑驳残缺，但檐梁装饰依稀可见，高大宽展空间仍能穿透岁月的积淀，使得整个祠堂威严肃穆。

三、东坑翠崖黄公祠和钟氏宗祠

地址：公明街道东坑村。

结构：三开两进一天井，门前有塾台，砖石木结构，多石柱梁，墙体、屋瓦以绿色为主色调，大门及室内梁、案几红色相间，加上白色石柱，仿如一件艺术品。现建筑在原有基础上于2000年重建。

翠崖黄公祠

祠堂旧石阶

钟氏宗祠

钟氏宗祠三开间一天井，室内以砖木结构为主，在原有基础上重建，室内有壁画，色调以白绿相间为主。

东坑村始建于明嘉靖年间，由钟氏太祖打铁匠从东莞寮步移居此地繁衍而成。而黄氏自南宋末年由南雄迁至惠阳水东后至东莞市桥，居五代后，黄思实举家前往东莞椎山（今宝安椎山），明嘉靖年间从西乡黄田迁居于此。因村落周围地形都是小山包，从高处望去有一个个小坑，且地处洋涌河东岸，故称东坑。

祠堂内景

| 龙华区祠堂 |

一、观澜牛湖陈氏宗祠

地址：观澜街道牛湖社区版画基地。

牛湖陈氏宗祠大门

结构：该祠堂修建于1926年，是一座三开间三进二天井的建筑。宗祠雕梁画栋，泥塑壁画，古诗名联，富丽堂皇，神龛雕工精致，色彩斑斓；祠内有厨灶以及娶亲用的花轿、锣鼓和台凳桌椅等整套庆典用的器具。后损毁，现在经过修缮，仍见其大致格局。门厅建筑是两面坡瓦顶，两旁有山水花木、亭台楼阁、走兽等题材彩绘壁画。屋顶正脊有各种泥塑装饰，垂脊为本地民居常见的飞带式垂脊，垂脊前有瑞兽泥塑，已残缺，正门檐下挂有彩绘木雕封檐板。前堂两侧开间为天台式建筑，天台外沿有精致花纹饰，中间有花鸟泥塑，还依稀可辨诗文，色带下面作锦鲤吐珠样式的排水口。中堂、上堂均有木雕封檐板，遍饰色带、壁画、财源广进（白菜）样式排水口，多残缺灭失。中堂有船形正脊，饰以彩绘泥塑，山墙两侧各开两道门，作拱形和如意形门罩，分别与侧室及外面的横巷相通。

石 狮

该祠堂是一处典型的客家祠堂建筑，其历史风貌保存较完好，建筑格局完整可辨，是研究深圳地区客家民居建筑形制与时代特点的历史见证物，有较高的历史、艺术和研究价值。

祠堂檐画

"锦鲤吐珠"排水口

　　该宗祠为一合族祠，供奉先后落籍新围场（附近有牛湖老围）全部陈氏宗亲之始祖，包括最早开拓者鳌湖老村迁来振玖祖系文郁、文相二公，由鳌湖新村迁来振芹祖系之佩元、佩亨、佩利、佩贞、佩兰、佩珊、国祥、华高八公，由李朗迁来振芹祖系之汝贤、汝才二公等共十二位不同辈分之祖先，已有三百多年历史。

二、观澜牛湖凌氏宗祠

地址：观澜街道牛湖社区大水田村版画基地。

结构：凌氏宗祠位于村前排屋的中间，为三开间二进一天井建筑，正门横额书"凌氏宗祠"。前堂有船形正脊和飞带式垂脊，垂脊前面作狮子彩塑装饰；上堂正脊作红彩博古脊头装饰，有飞带式垂脊。前堂后面和上堂均挂有木雕彩绘封檐板，上堂封檐板居中雕刻有"厚安堂"字样。

上堂檐下作直棱雕花横披，下饰角花，两侧有彩绘花卉题材壁画，上堂里面遍饰彩绘壁画和诗文。天井两侧墙内有花木、瑞兽题材的彩色泥塑，细腻考究，现已残缺不全。

祠堂外景

102

祠堂享堂

　　凌氏家族清朝中叶从河北辗转来到广东的开平，又从开平迁到这里定居，有三百多年的历史了。大水田村并非凌氏家族创建，原为本地讲围头话（宝安广府人）的张氏家族的房屋，后来本地的客家人越来越多，凌氏家族华侨众多，经济富裕，就陆续出钱买下了张氏所有的房舍，张氏家族最终迁离本地，凌氏家族在原有房舍的基础上不断修缮、新建，现在所见的房屋多数是清晚期及民国时建筑。

三、龙华下早禾黄氏宗祠

地址： 大浪街道下早禾村。

结构： 始建于清朝中晚期，三开两进一天井结构，硬山顶，正脊平脊两端博古饰，灰瓦覆顶，花岗岩条石作墙基，有塾台。该村坐落于羊台山脚下，地势平缓，旁有龙华河流经此地，始建于清朝，客家民系，先祖由福建迁至东莞樟木头，再迁至此地。当时因种水稻，早禾产量高，故称早禾村，随人口增加分为上、下早禾村。清末，该村黄福与钟水养　起领导了龙华乌石岗起义。1900年，受孙中山之托又领导了三洲田起义，失败后避居新加坡，悬壶济世，继续从事反清活动。

再次修缮中的祠堂

祠堂硬山顶

祠堂附近排屋

四、龙胜彭氏宗祠

地址：龙华区大浪街道龙胜路。

结构：三开两进布局，始建于清代，2000年重修。砖石木结构，硬山顶，船形垂脊，正脊为平脊，两端博古饰，灰瓦覆顶，琉璃筒瓦修边，大致坐北朝南，整个造型古朴，雕刻精致。该村始建于万历年间，始祖彭华池由广东丰顺徙居于此。据说村名最早叫炉盛塘，因村周围有三座小山围绕，形似倒立的炉墩，而对面羊台山下有个窑下村（今陶吓村），"炉墩"入"窑"不吉利，于是根据本地地形似龙，取"有龙助胜"之意，而改龙胜堂，今叫龙胜村。

彭氏宗祠

五、赤岭头何氏宗祠

赤岭头何氏宗祠

祠堂内立柱

地址：大浪街道南部。

结构：该建筑始建于清朝，2012年重修，三开两进。该祠堂改建中应用了现代钢筋混凝土，尤其是祠内几根立柱特别显眼。红瓦灰墙面，间有檐画装饰。村民为客家民系，本姓韩，因战乱辗转于江淮、江南一带，后居广东梅州兴宁一带，清顺治年间迁至此地。旧时周边山上光秃秃无植被，叫岩赤岭，何氏三兄弟在岭的一端建屋居住而取名赤岭头。

107

六、元芬戴氏宗祠

地址：龙华大浪街道元芬社区。

结构：始建于清初，2007年在原址重修，三开间一天井，两边设厢房，室内空间不大，硬山顶船形垂脊。祠堂用花岗岩做墙角及墙裙，正面是砖墙，侧面则是三合土墙，这在周边祠堂中显得比较特别。祠堂前面还有族人聚会的议事堂（近代曾改作学校），周边是排屋。村民为客家民系，戴氏先祖戴仕道于明代晚期从东莞清溪虚黄麻铺围迁居而来。羊台山脚下盛产沙梨，有很多沙梨园。相传在明末清初，有讲白话（"围头话"）的瞿姓人，在此管理沙梨园，住在茅草棚里。当时，有一林姓客家人以烧结瓦为生（今陶吓村人），两人聊天，林姓客家人问姓瞿的广府人："你晚上在哪睡觉？"瞿姓人用白话回答："园蹦咯。"林姓人以为是地名，就把沙梨园所在的村叫"元芬"了。

戴氏宗祠

三合土侧墙

七、鳌湖老村宗祠群

曾氏宗祠

李氏宗祠

地址：观湖街道新田社区。

结构：祠堂大都是一进两开间或一进三开间，客家建筑，建筑材料是砖石木和三合土，房顶是平脊，灰瓦覆盖，陈设相对简陋。村民系客家民系，使用客家方言。村旁有石陂山，北面有新田河，村内传统民居保存相对较好。

附近碉楼

龙岗区祠堂

一、秋硕刘公祠

地址： 平湖镇良安田。

结构： 民国时期的建筑，三开三进两堂二天井，砖木结构，建筑面积为200多平方米，有前殿、左右厢、前廊、中殿、后廊、后殿等，祠堂后殿的供桌上端放着刘氏祖先的牌位和供品香火。平湖刘姓村民至今还保留着每年正月初一舞刘氏纸龙到祠堂拜佛祖和每月的农历初一、十五到祠堂敬香的习俗。

祠堂外景

厅内，横梁和墙上雕梁画栋，栩栩如生的壁画描绘了刘氏人家古朴的家风和家族名人的动人故事。

刘铸伯（1870—1926），又名刘金祥、刘鹤龄，平湖刘氏族人，在宗族有很高的威望。先后就读于基督教会学校、圣保罗中学和中央书院，后获资助进入英国牛津大学深造。大学毕业后任山东烟台大学教授。为香港屈臣氏总买办、慈善会会长。此后历任香港华商总会主席、华民定例局议员等职。20世纪初他回家乡平湖，热心公益事业，修建了纪劬劳学校、念妇贤医院、平湖火车站等，在旧圩以北2里处独资兴建新圩市。由于规划合理，集市时空前活跃，深得乡民欢迎。正因为有了他，才令平湖从封闭落后的封建农村一跃成为新兴城镇。

祠堂天井

二、田祖上村刘氏宗祠

地址：龙岗镇田祖上村田丰世居内，现代重建。

结构：三开间三进二天井，三堂均面阔三间，分前、中、后三堂。

前堂门横额刻"兰桂胜芳"四字。前檐梁架用一斗三升，驼峰呈圆鼓状，梁头作龙首状。内建屏风门。硬山，灰瓦。

中堂进深7.45米。梁架为抬梁式与穿斗式相结合。八角、鼓形柱础。驼峰雕成莲花状。

后堂供刘氏祖宗牌位。两侧对联为"祖宗功德乾坤大""田丰世泽日月长"，横批"天禄流芳"。檩枋下刻有"富贵双全，百子千孙"。

祠堂始建于清康熙壬寅年（1662），由兴宁县迁居龙岗的刘姓客家人所创建。

祠堂外景

113

祠堂内的匾额

祠堂正厅

114

三、罗瑞合罗氏宗祠

地址：龙岗街道罗瑞合社区鹤湖新居（龙岗客家民俗博物馆）内。

结构：祠堂属于典型客家祠堂，三开间两天井布局，与鹤湖新居融为一体，是围屋的中心。祠堂前、中两堂屋内外檐有精美人物木雕，后堂是始祖牌位。始建于清乾隆、嘉庆年间。祠堂和围屋本已破败不堪，在政府文保方针和政策支持下，经过三次大的维修、复原，祠堂与围屋迎来了新的生机。

祠堂内景全貌

祠内的石柱

古井

鹤湖罗氏开基祖为瑞凤公，沿着先祖从中原入江西再至粤东一路南迁的足迹，于清乾隆年间从兴宁墩经惠州至龙岗，并在此地立足生根、开枝散叶。这一罗氏支脉经过多年发展成为当地望族，人称"龙岗罗"。

四、四联茂盛何氏宗祠

地址：横岗街道四联社区茂盛世居内。

结构：建于清咸丰年间，在围屋的中轴上。三开间三进两天井结构，前堂门额"万福来崇"四字，抬梁式与穿斗式相结合梁架，柱头承檩，梁头穿过柱身雕琢龙首，方形石柱，莲花柱础。中堂内有木构屏风，上有"茂盛"二字，前后仅用四根檐柱，檐梁架结合部位是斗拱及雕花驼峰，还有彩绘，整个建筑艺术水平高，是典型的客家建筑。后堂名"崇善堂"，后墙置祖宗牌位。

整个祠堂及围屋乃何氏始祖俊茂公和他的两个儿子维松和维柏从兴宁迁徙到横岗，尤其是维松、维柏二兄弟苦心经营、一根扁担创基业的结果。

祠堂正厅及匾额

祠堂内景全图

116

五、大芬洪氏祠堂

大　门

地址： 布吉大芬村老围街17号。

结构： 典型客家祠堂外观，砖木结构。由上而下是老瓦片为顶，瓦片下檐为红木雕刻。

祠堂总体并不大，可分为三个部分，左边是放杂物的，堆着一些桌椅，右边相对较空。中间是祭拜的地方，一张桌子上放了一些神祖牌，另一张桌子上放着一些香坛、摆放已久的水果和空的酒瓶、酒杯。桌子顶上高挂着一盏油灯。左右墙壁的顶上挨着梁的地方都贴有一些字画。值得一提的是，右边的墙壁上还挂着一幅癸未年某人题的字。祠堂看起来虽然比较陈旧，但摆列却也整齐。2003年，祠堂翻新。

洪氏元祖出自敦煌支系，其中一支居潮州，本支洪氏在清乾隆年间迁居大芬。族人每年除夕都要到这个祠堂祭拜。

洪氏建立祠堂不久后，乌氏家族便在洪氏祠堂的旁边修建了乌氏祠堂。

内　景

六、嶂背邓氏宗祠

地址：龙岗区嶂背路。

结构：砖木结构。在正门的两边有两个石台，有两米半长。顺着两根四方的花岗岩石柱往上看，上面的木雕十分生动，有舞着狮子的人、花、福禄寿三星等。祠堂的门很大，高两米，宽一米。整座祠堂可分为三级，第一级为前堂，第二级为正厅，第三级为后堂。祠堂每一处都注重美，又蕴含着浓浓的古色古香，充满着古朴的气息。门枕石高大，大门上方一块石匾，上书"邓氏宗祠"四字。

大门

大门近景

118

七、爱联新屯庄氏宗祠

地址：龙城街道爱联新屯村。

结构：宗祠初建于20世纪90年代，于2009年重新扩建，占地约600平方米。宗祠三开两进，砖木石结构，青砖绿瓦，客家祠堂风格，装修朴实，有前、后院和空旷的广场。

爱联庄氏系出甘肃天水河南漆园庄周之后，福建永春县庄森之裔。按庄氏史料记载，新屯村之祖，即自皇岗十世祖世宁公之始也。

牌匾

大门

119

八、布吉南门墩刘氏宗祠

大 门

地址：布吉街道南门墩5巷12号。

结构：南门墩村地处罗湖与龙岗布吉之间，始建于清朝康熙十二年（1673），因刘氏巨源太祖公传至十一世祖由章公迁移至此繁衍生息而形成。刘氏一族先祖迁居此地时，此地已称南门墩，故刘氏先祖即以此作为村名沿用。刘氏宗祠始建于1910年，重修于2010年。建筑布局为三开间一天井结构，砖墙，木梁架，尖山山脊，灰瓦顶，红漆木门。宗祠旁边为旧村传统的客家民居，大都建于清末民国时期，大部分保存完好。2013年9月，南门墩刘氏宗祠和周边的客家民居等建筑被列为深圳市龙岗区不可移动文物。

祠堂周边排屋

九、吓井一村李氏祠堂

大　门

地址：龙岗吓井一村。

结构：三开两进一天井，砖混结构。前后厅之间有廊庑连接，祠堂左右设厢房，祠内陈设简陋。

贻德堂

进门有一木结构屏风，上书"贻德堂"。本村李氏属客家人，由广东五华迁徙而来。

十、平湖伍氏宗祠

地址： 位于平湖街道新南村。

结构： 三开两进三堂二天井，清中期建筑。伍氏宗祠2005年重修，广府建筑，砖木石结构。门联"祥开五屋""胄衍平湖"，意为让伍氏子孙在平湖不断地延续下去，横批为"伍氏宗祠"。步入祠堂后，屏风上写着大大的"垂裕堂"，左右联"慎远追随古今乐""唯是路人孝有于"。后堂中央供奉着春秋时期伍子胥像，各始祖的牌位放在像位之下。这一带原是伍屋围所在，聚居着伍氏后裔。村落早已不再，取而代之的是一幢幢楼房，但伍氏祠堂却一直沿用至今。

大 门

后堂中央供奉伍子胥像和各始祖的牌位

伍氏族人是深圳平湖的开创者，明孝宗朱祐樘弘治年间（1488—1505），伍兆凤从湖南迁居而来。根据民间史料推断，这是一位带着家眷的军官，当他来到东莞平溪（即平湖），观察到这里土地肥沃，河流溪涧纵横交错，荒无人烟，大量土地可耕种，便决定在此安居入籍，并取名为伍屋围（大围）、丞园围（小围）。后来，由于平溪的"溪"字不合先祖意，于是将"平溪"改为"平湖"，并沿用至今。

已有500年的鸡蛋花古树

十一、龙西村巫氏宗祠

地址：龙岗龙城街道龙西社区。

结构：三开间三进两天井结构，面阔，前面还有个很大的月池。祠的对联"武侯世泽长""贤相家声远"。"武侯"指隋朝时期巫罗俊，迁居福建宁化，伐木经商，开辟了古宁化至长江的航运，并于唐贞观年间请得朝廷在黄连峒设镇，是宁化的开山鼻祖。"贤相"指巫氏先祖巫咸、巫贤，他们父子同为商朝名相。

龙岗巫氏即巫罗俊的后人，清康熙年间由57岁的巫涛带领家人从惠东迁至龙岗石窝（今龙岗街道龙西社区）开基立业，现存龙西巫氏老围。

大 门

十二、辅城坳叶氏宗祠

大 门

地址： 龙岗区平湖街道辅城坳社区。

结构： 三开间两天井，砖石木结构，墙体红色，琉璃瓦覆顶，室内红色柱以现代钢筋混凝土浇灌。2006年，叶氏三个宗房在原萌芽、茂开两祠基础上重建，祠堂正座设诸梁、正简公真像和三个宗房先祖牌位。三支叶姓中，田亨公于明万历二年（1574）最早从东莞还珠沥迁于此地。200年后，族系宗亲兰茂公之子孙及族亲家兴公从新安公坑朗迁来，容兴、群兴公兄弟的先祖从梧桐山脚下的长岭村迁来。最早迁来的叶田亨住在坳背山之西，以坳做风水屏障，立村之际，适逢新安南头城奠基，良辰巧合，顺应天缘，故名辅城坳。

坪山、盐田、大鹏区祠堂

一、江边黄氏宗祠

地址：坪山江边路江边村。

结构：两堂一天井，三开间，砖木石结构，建筑墙面、屋顶均以灰色为主色调。原宗祠有四百余年历史，在光绪十二年（1886）进行过重修，经年风雨吹蚀，濒临倒塌，2006年在原基础上重建。

大 门

祠内名人画像

　　据考，坪山江边黄氏是福建哨山公后裔，乃江夏黄派系。江边始祖朝轩公是端公长子，原居梅州，后随母、弟居惠东，朝轩公再迁坪山江边围，在此开枝散叶。朝轩公长子居中公生三子发展成坑梓三大房；次子立中生五子，分布在坪山鹤湖浪一带。追溯江边黄氏历史对研究深圳人口迁移及坪山一带黄氏族群发展有重要意义。

祠堂周边环境

127

二、坪地富地岗王氏宗祠

烈兴公祠

地址：坪地街道坪东社区富地岗村。

结构：三开间一天井，砖木结构，灰瓦蓝砖，间有白色装点，屋檐下的檐画与整个祠堂建筑色彩搭配巧妙，使得祠堂小巧而精致。祠内陈设简单，2012年重修。该祠堂已有数百年的历史，上一次修缮是在1983年。烈兴公是富地岗王氏先祖，本族村民祭祀时非常讲究，进祠堂门先跨左脚，祭祀完毕有聚餐、舞麒麟活动。

祠堂内景

三、坪山江岭社区竹园村宗祠群

（一）沈氏宗祠

大 门

竹园村沈氏宗祠，二堂一天井，砖木结构。

（二）张氏宗祠

大 门

竹园村张氏宗祠，客家传统民居改建，砖木结构。

（三）曾氏宗祠

大　门

曾氏宗祠，三开间一天井，砖木结构。

（四）黄氏宗祠

大　门

黄氏宗祠，三开两进一天井，砖木结构。

四、沙坑廖氏宗祠

大　门

即将消失的祠堂

　　地址： 坪山区碧岭街道碧岭社区。

　　结构： 祠堂为三堂四横布局，原属于廖氏世居的一部分，所有建筑的梁架均为抬梁式与穿斗式相结合，鼓形柱础，屋顶皆为两面坡灰瓦顶，尖山式硬山，在城市化进程中因拆毁而废弃。

五、盐田沙头角沈氏宗祠

沈氏宗祠位于山清水秀、风景优美的沙头角中心地带，周边高楼伫立、鳞次栉比，这样一座古典的宗祠显得别有韵味。

大　门

六、三溪黄氏宗祠

地址：葵涌街道三溪社区黄屋村。

结构：坐北朝南，三开两进布局，前堂置有左右厢房，面积约800平方米，抬梁式木架构建筑，门联"九龄温席""千顷旺波"，前面是一口较大的水塘。屋后的三溪水分成3条小溪，分别

抬梁木头小狮子

从左、右、中流过黄屋老围，故称作三溪社区。黄氏先祖从兴宁迁至紫金再到葵涌，最早在葵涌墟卖麻糖维生，后再迁于此，先建围屋，再盖私塾，后挖半月塘，每年3月5日（惊蛰）举行祭拜祖先的仪式。据说是因为惊蛰过后，野无旷田，家无闲人，选择此时祭祖也有祈求一年风调雨顺、五谷丰登之意。

大 门

七、盐田沙栏吓村吴氏宗祠

大 门

外 墙

　　吴氏宗祠坐落于中英街管理区内，建于清代，原为土木结构，历经300多年多次修缮，现为砖石结构，坐西北朝东南，三开间二进布局。面阔7.8米。门厅呈"凹"字形，木梁构架，硬山顶，博古脊。据《吴氏族谱》记载，清康熙年间，在迁海复界政策下给地处山区的客家人走出山区、来到沿海创造了机会。吴氏由大埔迁到博罗，再进入沙头角，最早在山咀村（今香港境内）以农耕为业。农耕近200年后，随着人口扩张，吴氏需要寻求新的发展空间。于是在嘉庆二十五年（1820），有一支吴氏人从山咀村迁到沙栏吓村，从农耕转向捕鱼，还在村内建起了天后宫。

深圳专祠概览

一、汪刘二公祠

汪刘二公祠

　　位于深圳市南山区南头关口正街。1516年葡萄牙舰队入侵黄埔港，随后占领屯门港，并伺机侵犯南头，广东提刑按察使汪鋐在屯门组织军民抵抗，大获全胜。明朝隆庆年间，广东提刑按察司副使刘稳顺应民意，秉报朝廷从东莞划出新安县并重建县治，治所在今南头城，获得批准。为纪念二人遂建汪刘二公祠。自明代创建以来，历经重修，当地官民每年春秋致祭。抗战期间遭日军拆毁，仅留后殿。

石　碑

二、春牛堂

牛堂远景

位于南头南山畔，创建于明代，面宽23米，进深43米，为五开间三进两天井深的建筑结构。现存前殿遗址、围墙、后殿及古井等，后殿进深11.5米。主殿祀天后，灵牌上书"护国庇民天后元君之神位"，其对联为"自宋迄今八百年来昭圣迹""由闽而粤三千里内著神灵"。明清时期，每当春耕开始，新安知县均在此举行开耕鞭春仪式，因而有"春牛堂"之称，是深圳古代重要的仪典旧址之一。据清嘉庆《新安县志》记载：立春前一天，有司以土牛、芒神（又称"春子""太岁"，即放牛娃）迎于南山下，第二天早上鞭春。土牛就是堆土为牛，在牛肚子上放置五谷，外加装饰，芒神是木制的。仪式由县令在春牛堂主持，设香案，摆放三牲、果、酒，行一跪三叩礼。祭拜后，县令右手扶犁，左手扬鞭，做犁田与鞭打状，以示开耕大吉。然后百姓将土牛打碎，争相夺取土牛的泥末和肚子里的五谷，撒在自家的猪圈、牛栏、鸡舍及田地里，祈求五谷丰登、六畜兴旺。参加耕礼的农民在这个时候也会手持农具进行各种民间故事表演。

石 碑

三、王大中丞宗祠

　　位于宝安西乡街道，三开三进布局，坐北朝南，砖木结构。前殿前后出廊，大门外有塾台，始建于清康熙年间，2014年被列为深圳市文物保护单位。为纪念康熙初年广东巡抚王来任，大门两旁阴刻对联"巡粤表孤忠，耿耿丹心，奏牍两章留史册""抚民留善政，元元赤子，讴思万载仰旌常"。

远　景

内 景

　　清初，在东南沿海实行"海禁"政策，"不许片帆下海"，沿海居民内迁五十里，深圳人叫"迁界"。禁海与迁界给沿海居民造成巨大灾难，当时的新安，包括今天深圳全境百姓流离失所，十室九空。康熙四年（1665），奉天人王来任任广东巡抚，视察新安时看到沿海萧条景象，两年间五次上书朝廷整顿强征、妄杀行为，补偿百姓银两，减免赋税。他因同情迁民，执行海禁不力，被罢官。王来任临死前再向朝廷上书《展界复乡疏》，劝朝廷展界，让百姓复乡，后来两广总督再次呈《展界复乡疏》，最后于康熙八年（1669）朝廷正式下令复界。沿海居民奔走相告，陆续回到原籍，重建家园。新安百姓感于王来任为民请命，救民于水火，自发捐建了"王大中丞祠"，以表感恩情怀。

四、女祠

外 景

清朝时期建筑，位于南山塘朗社区，三开两进布局，面宽8.9米，进深16.2米，石质地基。

门额石横匾

前殿呈"凹"字形，清水砖外墙，尖山式硬山，辘筒瓦屋面，脊两端有装饰，檐壁有灰塑的"渔湖耕读""太白醉酒"等山水图案。天井地面用条石铺就。后殿三间敞厅，石柱，木构架梁。后殿也是清水砖墙，有灰塑装饰。门额石横匾刻有"彤管生辉"，上面立竖匾，刻有"旨旌表"。

"彤管"喻指德才兼备的美丽女子，"旌表"是来表扬那些遵守封建礼教的人的。据清嘉庆《新安县志》，女祠是为塘朗郑乔叔的妻子姜氏节孝而立，在古代女子不能入祠的社会里，女祠的存在反映了当时郑家女性地位的提升。

五、报德祠

位于南头古城内，属于新安县衙的重要组成部分之一。匾额由明皇帝钦赐。三开两进，有塾台，土木建筑。祠内奉祀海神、历任知县人等，凡有"功德于民者"如抗击葡萄牙殖民者、骚扰边境的倭寇及鸦片战争中英国等国侵略者的英雄人物，均可立牌位于祠中，歌功颂德，启迪后人，是古代爱国主义教育的重要场所。

大 门

六、信国公文氏祠

大　门

位于南山区南头城九街村，清嘉庆年间修。祠堂占地600平方米，为三开间三进深两天井四廊庑的砖木结构建筑，面宽11.5米，进深34.5米。瓦面作硬山顶，架梁、柁墩、斗拱等构件都有雕刻，饰有龙、人物故事和牡丹花卉、醒狮、蝙蝠等图案。建筑材料除砖木外，还以花岗岩作石脚、石柱、柱础，给人以庄重、坚固的感觉。门额用长2.5米、宽0.6米的花岗岩板，上刻楷书阳文"信国公文氏祠"，字体刚劲有力，气势雄伟。兴国公乃抗元英雄文天祥，该祠最初为其弟文璧后裔所建。

内　景

文天祥二弟文璧与兄长同登进士第，官至广东惠州知府。文天祥被囚时，文璧曾前往探视，欲与兄同难。文天祥对文璧说道："我尽了忠却未尽孝。自古忠孝不能两全，你若能养母抚后也算是为我尽了孝道。"文璧于是携家丁16人及家眷前往宝安黄松岗鹤仔围隐居下来，直至明朝初年文氏始公于世，到清嘉庆年间才开宗祀，在南头城建信国公文祠。

七、百家祠

大　门

　　位于龙岗大鹏所城，原址是赵公祠，建于清嘉庆年间，现建筑是当代重建，因大鹏城内姓氏众多，改为百姓祠供大家祭拜。祠内供奉华夏始祖炎帝和黄帝。南方院落样式，祠堂门口有联"后坤肝胆荐苍穹""始祖功德跃青史"。院内祠堂三开间结构，在神主堂匾额书有"人文初祖"。院内墙壁有当今前四百位的姓氏及十二生肖石雕。

当今前四百位的姓氏及十二生肖石雕

八、陈仙姑祠

外 景

位置： 光明区公明街道水贝村仙庄路。

结构： 陈仙姑祠坐西南朝东北，建筑用地约1000平方米，四周绿树成荫，历来香火鼎盛。陈仙姑真名叫陈端和，清咸丰十年（1860）正月初二出生在陈昂家族中。陈端和自小聪明伶俐，勤奋好学，心地善良，乐于助人。当时，大沺河（今茅洲河）一带缺医少药，乡亲们患有疾病而无法救治。幼小的陈端和立志要济世救人。长大后，她遍访名医，求教老郎中，搜集了许多民间药方，其中男科、妇科、儿科共300方，还有外科32方、眼科53方；她踏遍羊台山、大岭山等大山采摘草药，甚者亲自试药，她的医术惠及周边民众。大沺河两岸的人民长期遭受河水泛滥和灾后瘟疫带来的苦难，据说是因河里的二河神所致，陈仙姑为了向天庭诉说人间苦难，拯救民众，得仙人指点，羽化成仙。据说死后尸体却完好无缺，数日不腐，还香气四溢。祠内至今有楹联为证："德道十年人不信""放香百日众无疑"。

村民们无比感激，称陈端和为仙姑，誉她为"新安妈祖"。人们为了感恩，最初在陈端和住的地方设立神位，供人参拜。到了清同治年间，乡亲们筹款集资在水贝村修建了陈仙姑祠。当时的陈仙姑祠大小三间屋，中间大屋为正堂，供奉着陈仙姑神真身（骸骨）的塑像；左右两侧为厢房。现建筑为2004年重建，2006年竣工。陈仙姑的故事作为真实民间传说，所寓含的朴素、勇敢、坚毅、奉献等精神使它被列入深圳市第一批"非物质文化遗产"名录，成为保存传统文化的"活化石"。

陈仙姑故事成为非物质文化遗产名录

145

深圳祠堂堂号

堂号，就是祠堂的名称、称号，是指某一族人的共同徽号。历来每个姓氏、每个宗族、每个家族都会有自己的祠堂，并给它取一个堂号，目的是让子孙们每提起自家的堂号，就会知道本族的来源，记起祖先的功德，是一个家族祭祀祖先、清源正本、敦宗睦族的文化印记，具有约定俗成的专有性、传承性与宗亲色彩，是家族文化的重要组成部分。

一般以该姓氏的发祥地——郡名为堂号，即以郡望为堂号。所谓郡望，即郡中之望族，也即郡中的显贵姓氏。郡是古代行政区划，自秦设郡县，汉因之。隋唐以后虽不再设郡，但人们习惯州郡互称，郡或为府之别名，如杭州府称杭郡、绍兴府称越郡，而郡望之意则相沿未改。所以姓氏郡望不仅是该姓发祥地的标记，也是氏族人口、经济实力、政治地位与文化影响等综合族力强盛与否的反映，如陈姓的郡望为颍川，徐姓的郡望为东海，张姓的郡望为太原、清河、范阳等。这些郡望之名也就成了郡望堂号，如郑姓"荥阳堂"、张姓"清河堂"、黄姓"江夏堂"、蔡姓"济阳堂"等。随着人口繁衍或本支系中社会成员经济社会地位变化，姓氏支派也可以另立自己的分支堂号。另立堂号多与支派先祖迁居地、宗族典故、道德伦理、名号德望、功业、科第、文学等相关，借以光大前业、泽被后世，如金陵堂、三槐堂、十思堂、归来堂、五知堂、务本堂、百忍堂等。一个大族可以有数以千计的堂号。

祠堂堂号常规的写法是自右向左书写，现代社会也有自右向左书写的。

深圳地区的宗祠堂号一般会请名人或书法家题写，制成木匾挂在祠堂的厅堂中央、门楼或门楣等比较醒目的位置。

一、以伦理教化命名的堂号

（一）南山丁头村叶氏祠堂堂号

善庆堂

"积善之家，必有余庆；积不善之家，必有余殃"出自《周易·坤·文言》，大意是经常行善的人家会有许多可以庆贺的事，而且还可以遗留给子孙，经常做恶事的人家会有许多灾祸在等着它。希望族内子孙以传统伦理道德为基础，强调德行修养和与人为善，福泽绵长，这也是一个家庭、家族长期繁荣兴盛的根本保障。

（二）南山村吴氏祠堂堂号

德馨堂

语出《书·陈君》："黍稷非馨，明德惟馨。"五谷美味并不是最香的，光明的德行才是馨香的。堂号告诫本族子孙要砥砺品行，道德立人，不要简单追求物质的享受，应该把高尚的道德人格作为自己的最高追求。天下吴氏的堂号命名均突出一个"德"字，主要是因为后人以泰伯、季札等吴氏先祖的德行为荣。据史料记载，泰伯为周太王之长子，本是周朝王位继承人，父亲却有意传位给幼子季历，于是泰伯主动让出王位，与次弟仲雍以采药为名逃奔至荆蛮之地，并遵循当地风俗断发文身，以示无意于继承君位，这与封建时代普遍存在的通过阴谋篡弑取得王位的做法有天壤之别。孔子曾对泰伯大加赞赏："泰伯，其可谓至德也已矣。三以天下让，民无得而称焉。"数代后，季札辞不受位，封于延陵，克让相继，亦被后人传为美谈。

（三）龙岗区龙岗村的郭氏祠堂（兆远公祠）堂号

孝本堂

孝悌忠信礼义廉耻，世称"八德"，这是中华传统文化的核心。其中，孝悌居于重要位置，作为最具代表性的中华传统美德，已经沉淀为中华民族的精神基因。《孝经》曰："夫孝，德之本也。"郭氏先祖中有一个历史上非常有名的大孝子郭巨，郭巨出身贫寒，结婚生子后，家庭越发穷困，为了让母亲生活幸福，不让自己的儿子与自己的母亲争食，他与妻子商量要亲手埋了自己的儿子。在忍痛埋自己的骨肉时挖到一个石盖，石头盖子下有一黄金瓦罐，里面有红字书写的信，上面说："孝子郭巨，黄金一釜，以用赐汝。"这就是历史上二十四孝中《埋儿奉母》的故事。龙岗郭氏以先祖孝道为荣，奉"孝"为本族之至尊。

（四）南山涌下村郑氏祠堂堂号

经畬堂

"畬"字来历甚古，在《诗》《易》等经书中就已出现。《易·象传》曰："不耕获，不菑（zī）畬（yú）。"《诗经·尔雅·释地》"田一岁曰菑，二岁曰新田，三岁曰畬。""畬"指刚开垦的田，"经畬"一般喻指读书之地。郑氏祖先不乏读书之人，尤以东汉大儒、经学家郑玄为突出代表，他致力于经学，遍注群经，是一位空前的经学大师。从唐代起，其所注的《诗》《三礼》即被视为儒家经典的标准注本，收入九经。宋代又把它列入《十三经注疏》，长期作为官方教材，是古经典的权威注本。堂号取"经畬堂"一来纪念祖先的荣耀，二来鼓励族中子弟耕读为本，勤奋向学，建立书香门第。

（五）龙岗吓井一村李氏祠堂

语出《弟子规·入则孝》"身有伤，贻亲忧。德有伤，贻亲羞"。做人不仅仅是要保护身体，更重要的是要注重自己的品德修养，不可以做出伤风败德的事，使父母亲蒙受耻辱。提醒族众要率先示范，把美好的品德家风名望一代一代传给子孙。

贻德堂

（六）龙华清湖廖氏宗祠

崇德堂

语出《易经·系辞（下）》"精义入神，以致用也。利用安身，以崇德也"。《礼记·王制》曰："上贤以崇德，简不肖以绌恶。"提倡修身养德才能立世，要求后世子孙向有德行的人看齐。

二、以郡望、住地命名的堂号

（一）龙岗区坪山江边村黄氏宗祠

江夏堂

历史上，黄姓有声望的世家大族曾长年定居于江夏郡（今湖北武昌江夏一带），更有史称"江夏黄国"者。尽管江夏郡、江夏县常有变更，但其主体名称"江夏"二字变动很小。随着黄氏子孙由此分迁，"江夏堂"成为总堂号。

（二）南山西丽平山村方氏祠堂堂号

桐蔭堂

平山村族谱记载祖先为逃避中原战乱，从中原南迁至福建莆田一带。明初因"方孝孺案"株连九族，许多同姓被充军。而他们的祖上一名叫希岩的前辈带着他的小儿子思义，抛弃了所有家产，逃到了东莞的河田一带隐姓埋名居住了下来。而这个叫思义的男子就是平山方氏供奉的世祖东明公的祖父。这位东明公，自小气力过人，练就一身好武艺，成人后外出打猎，一路追捕一只老虎来到一处平坦的山坳处，最后将其打死。他发现此地三面环山，桐树荫荫，又有河流经过，觉得风水甚好，于是决定在此开荒定居，并以"平山"为地名。他育有四子，其中尤其以三子广旸成就卓著，人丁兴旺。

（三）龙岗嶂背路邓氏宗祠堂号

南阳堂

据史籍《元和姓纂》记载："邓，曼姓，殷时候国也。春秋时，邓侯吾离朝鲁，后为楚文王所灭，子孙以国为氏。"邓国是周王朝南方较为重要的诸侯国之一，历经西周、春秋，一直延续了有六百多年，后邓况徙居南阳新野。邓禹（东汉南阳人）跟从光武帝刘秀打天下，名震关西，功勋显赫，封高密侯，为邓氏家族的第四十七世祖。以望立堂，南阳郡邓氏多以此为堂号，龙岗嶂背邓氏乃是南阳郡禹公后裔。

（四）罗湖区笋岗村的何真公祠

笋岗何氏在明初由岭南王何真的第五子何崇携带部分家属避难而来，在此立村定居，此后何真四世孙何云霖带领族人修庙宇、建寨式围屋。笋岗何氏奉韩瑊为何姓始祖。韩瑊本韩国人，在战国后期国破家亡，瑊与其妻流寓庐江，操舟为业，为逃避秦国追杀，改姓何，后定居庐江，勤耕苦读为业，家道日隆，形成了一支何氏。据《浈阳水木记》记载："瑊公姜姒皆寿百龄，卒后葬于庐江东乡望淮岗，也称何坟冈，至宋犹存。"子孙在此繁衍逐成望族，后代人就以"庐江"作为何氏的堂号，称为"庐江堂"。

庐江堂

（五）罗湖黄贝岭张氏祠堂

张氏源远流长，据各地族谱记载，始祖挥公在上古时期因协助黄帝在部落战争中取胜而有功，赐姓张，世居青阳即今天的清河一带。此后陆续迁居他处，虽支派繁多，但今天绝大多数张姓都把自己的根脉定在清河。

清河堂

三、以宗族典故作堂号

（一）宝安沙三陈氏宗祠

义德堂

陈霸先（503—559），557年建南朝陈，是为陈武帝。裔孙陈旺，太和六年（832年）徙德安县太平乡常乐里永清村（今江西德安县车轿乡义门陈村），建大宅第，19代合族同居，唐昭宗亲题"旌表义门陈氏"，宋太宗旌赐"真良家""义居人"。家族于是以"义门"为堂号。嘉祐七年（1062），奉旨分析，又衍生出"旌义""真良""义居""崇义""六义""义集""义德"等以"义"为旨趣的堂号。义德堂陈氏以宋朝陈康伯为始祖。陈康伯（1097—1165），字长卿，一字安侯，号拙斋（据族谱）。陈康伯官至宰相，有勇有谋，宋高宗夸他是真宰相，宋孝宗则把他比作东晋的谢安。去世后，宋孝宗定谥号为"文恭"，宋宁宗时配享孝宗庙庭，改谥"文正"。宝庆二年（1226），绘像于昭勋阁，为昭勋阁二十四功臣之一。

（二）南山村陈氏宗祠堂号

南山村陈氏来自中原颍川郡许县，该堂号源自后世尊为颍川陈氏始祖的陈寔。东汉时，陈寔誉为颍川四长之一，以清高有德行闻名于世。有一年，陈寔率子侄拜访四长之一的另一名士荀淑父子，这些德行高深的人士相聚是一吉祥之事，对当地社会教化来说也是一大福事。这一天正值德星（木星）相聚，次日太史奏称："德星聚奎，五百里内贤人聚。"汉灵帝敕建"德星亭"以旌表。以后陈氏族人遂有以"德星"或"聚星"为堂号，一来纪念始祖的荣光，另外也告诫后人立身以德为先。

聚星堂

（三）宝安区沙井街道新桥村曾氏祠堂

　　沙井新桥曾氏奉春秋时期的曾子为先祖。曾子名参，孔子晚年弟子之一，儒家学派的重要代表人，后世尊为"宗圣"，上承孔子道统，下开思孟学派。他曾著有《大学》，提出了"三纲"（明德、亲民、止于至善）、"八目"（格物、致知、正心、诚意、修身、齐家、治国、平天下），构成了一套完整的封建伦理道德政治哲学体系。曾氏后裔以曾子成就为荣，历代族裔将其语录视为家风，恪守祖先的训导，传之后世，以"大学堂"作为宗祠名号，传承"大学"精神。

大学堂

（四）龙岗区南联罗瑞合鹤湖新居

——深圳祠堂掠影

诒燕堂

语出《诗·大雅·文王有声》："诒厥孙谋，以燕翼子。"意思是为子孙妥善谋划，使子孙安乐。乾隆二十三年（1758），鹤湖罗氏的开基祖罗瑞凤从兴宁墩迁居龙岗墟一带，从小贩做起，往来于龙岗、凤岗之间。创业艰辛，省吃俭用，每天凌晨出门，箩筐中装一块泡过盐水的鹅卵石，吃饭时拿出来舔一舔，当作饭菜。罗氏经过两三代人的积累，购田万顷、置商肆一百余间，始建罗氏新居，即"鹤湖新居"。乾隆末年开建，至嘉庆二十二年（1817）完成内围，祖孙三代用半个世纪时间完成，成为龙岗乃至广东望族。

（五）皇岗庄氏祠堂

皇岗庄氏属桃源派系锦绣支脉，由庄森四子庄申一脉繁衍而来。据传，唐末河南光州固始人庄森随王审知入闽，择居永春桃源里蓬莱山。第九世庄夏居官有德政，皇帝赐其建府第于泉州府城，宋宁宗将其祖坟"鬼岫山"御笔赐名为"锦绣山"，于是就有了该支庄姓"锦绣"的由来。

锦绣堂

（六）宝安甲岸黄氏宗祠

黄克绳堂

这是深圳地区较少以个人名字命名的堂号。元朝至正年间（1341—1368），村民黄克绳携家人从广东中山迁至宝安，因此地靠近珠江口，四周开阔，可供开垦的田地颇多，于是在此开枝散叶。中山与宝安一海之隔，黄克绳把村落定名为"隔岸"，意为与中山"一水两岸"。之后因为提倡汉字简化，村民将"隔岸"简写为"甲岸"。但在粤语里，"甲"和"隔"发音相近，黄氏族人每每念起"甲岸"，就知道自己来自对岸的中山。

（七）龙岗区坂田张氏祖祠

青钱堂

坂田张氏由福建汀州辗转迁入，相传为武周时期御史、小说家张鷟的后裔。张鷟才学高超，在武则天时期到京城应考进士，评卷考官叹赏张鷟文章"像青铜钱，万选万中"。因其才华，张鷟在士林中有"青钱学士"的雅称，这个雅号后来甚至成了才学高超、科举成功的代称。其后人多以"青钱堂""万选堂"为家族堂号。

（八）坪山大万世居端义公祠

追远堂

曾氏祖先曾子语："慎终追远，民德归厚矣。"一来以祖宗语录作为堂号以作纪念，二来传承忠孝文化。

深圳祠堂楹联

祠堂楹联是楹联的一种形式，是贴或刻在祠堂内外的对联，祠堂对联有短联也有长联。短联一般是四字联，也有五字联、七字联。长联就没有标准，有的长达五六十字甚至百字。短联一般就贴或刻在祠堂大门外或者神主堂两边，而长联一般在祠堂大门外或者堂内的柱、梁、壁上。堂联既有由本族人书写的，也有是他族或个人敬送的；既有当代人书写的联，也有流传下来的联。堂联的内容基本是上联呈现本族的发祥地或望出地的郡号，与堂号相对应；下联多为赞誉祖德功绩、激励后人的内容。一般长联在内容上比较广泛、详尽，要么是对本宗族的来龙去脉详细介绍，要么就是对本宗族作出突出贡献或卓有成就的先辈的歌功颂德。一副副祠堂对联就是一部部家族史、宗族史，甚至国家、民族的简史，文字简练，读起来朗朗上口，族众从小潜移默化，易于理解，既能树立尊祖敬贤、爱国爱乡的情怀和家族荣誉感，也能促进家族和睦，传承良好家风。

一、短联

（一）布吉洪氏宗祠

大门对联："兰桂胜芳""敦煌世泽"。

"兰桂胜芳"是吉语，源自五代窦禹钧教子有方，个个取得功名。洪氏源远流长，据说是出自共工之后，唐《元和姓纂》有"共工氏之后，本姓共氏，因避仇改为洪氏"。秦汉之际，在河西走廊一带置有敦煌郡，洪氏先祖迁于敦煌成为望族，唐宋后逐渐往南迁移至全国，于是有敦煌世泽之说。

大　门

（二）布吉邬氏宗祠

大门对联："鹿步家声""颍川世泽"。

大　门

该祠堂联既纪念本族历史上有功勋之人，也不忘自己的先祖发源之地。"鹿步家声"是指河源的鹿步湖。宋朝时期，河源人邬大昕任广州金判，为当地人做了很多好事。当时东州与黄木湾之间交通不便，溺死事件时有发生，邬大昕就向官府申请，自己也出钱出物组织了大型水利建设——鹿步滘

160

工程，将鹿步湖岸开通，使两地的水路畅通，大大改善当地的交通条件。为纪念他的功德，在鹿步湖建有大昕庙。"颍川世泽"邬氏祖望之地在河南颍川，今河南登封一带，秦制郡，因颍水而得名。

（三）南山西丽平山村方氏祠

大门

大门对联："金紫家声""银青世胄"。

唐末古歙人方廷范在长乐为官，被封金紫光禄大夫。方廷范辞官后定居福建莆田城厢方巷，生七子，除老七仁杰外，其余六子皆出仕闽国：长子仁逸，官检校水部员外郎；次子仁岳，官秘书少监；三子仁瑞，官著作郎；四子仁逊，官大理司直；五子仁载，官礼部郎中；六子仁远，官秘书省正字。生七子，其中六子皆仕，时称"六桂联芳"，尊方廷范为"六桂之父"，后裔称"金紫六桂方氏"。该支方氏的一些外迁支派也以"六桂堂"为堂号。"银青"同样指其先祖做过光禄大夫，而后子孙走上仕途为官者也很多。"银青世胄"不仅以先祖业绩为傲，也有鼓励后世族人子弟延续本族声望之意。

（四）罗湖何真公祠

大门对联："元勋世胄家""开国功臣府"。

笋岗何氏开村祖何真是元末南方大吏，朱元璋起义推翻元朝后，协助朱元璋平定南方有功，成为开国功臣，子侄也累受军功。

大 门

（五）罗湖坳下村邓氏宗祠

大 门

大门对联："税院振家声""南阳绵世泽"。

上联典出邓氏宗族源自南阳郡，下联说明本支邓姓始祖乃北宋进士邓符协。邓符协是福建锦田开村始祖。北宋末年，金兵南下，其后人邓元亮起兵勤王，战乱中救得一赵姓女孩，抚养成人并许配给了儿子邓惟汲。南宋建立以后，赵氏宗室归宗，邓元亮所救女孩乃宋高宗女儿，至光宗时邓惟汲已去世，但所救女孩已是皇姑身份，皇姑命长子邓林持手书见光宗，光宗追赠邓惟汲"税院郡马"，于是后人有"税院家声"之说。

（六）坪山大万世居端义公祠

大 门

大门对联："万民气象新""大学家声振"。

曾氏祖先曾参是孔子的得意门生，主修四书五经中的《大学》，强调"修身齐家治国平天下"。曾氏后人秉承大学家风，勉励后人勤学苦读，延续文脉。

（七）盐田官路吓村沈氏宗祠

大门对联："润盛家声""吴兴世泽"。

沈氏最早起源于北方。东汉末年，北方战乱，沈姓迁入浙江，子孙昌盛，至隋唐，发展成望族。三国时期在今浙江吴兴一带置郡，所以沈氏后人把吴兴作为郡望所在。

大 门

（八）福田下沙黄思铭公祠

大 门

大门对联："声讫程乡""泽传参里"。

神主堂联："思泽继源感德难忘建祠昭祖业""铭基念本知恩期报立训荫"。宗人黄氏先祖有一位叫黄舒的，是历史上著名的大孝子，人们把他比

164

作春秋时期的曾参，给他家挂匾额，上书"参里"二字。黄舒家所在之地有一小山，由此称为"参里山""参山"。下沙先祖黄思铭之前的三世祖黄石是深圳地区第一位进士，曾任梅州程乡簿长，升参军，赐迪功郎，在宋末元初因抗元有功，功名显赫。

（九）福田上沙村黄怀德公祠

大 门

大门对联："椰树长春""参山衍派"。

上沙村所在村落叫椰树下，也供奉先祖黄舒。

（十）福田新洲简氏宗祠

大 门

大门对联："新洲福泽长""学海源流远"。

神主堂联："泽绵新洲承先启后千秋俎豆长存""世衍范阳祖德宗功万古晋容知在"。

仪门联："萃其子姓说礼敦诗""对我高曾履仁蹈义"。

新洲简氏源自北方。五代时期，范阳的简氏避难而分散迁往各地。简一山夫妇率族人先入南粤，成为岭南简氏先祖，固有"范阳祖德宗功"之说。另外，新洲简氏历代重视诗书礼仪传家，注重教育，热心办学。据简氏族谱记载："宗族光昌必由人才，此人才必由学而成，则劝学为其要。"按简氏族规，小孩满8岁就须开始学习礼节，读《朱子》《小学》。正因如此重视教育，简氏一族先贤既有忠臣良将，又不乏文人义士。祖上简文会是南汉刘龑帝戊寅进士，钦点的状元，明清两代还出过四名进士：简麒（明万历三十八年进士）、简天章（清雍正八年进士）、简瑞（乾隆十七年进士）、简叔琳（光绪九年进士）。此外还有36位举人、4位武举人、64位贡生。

（十一）福田下梅林郑氏宗祠

大 门

大门对联："通德家声""荥阳世泽"。

神主堂联："通德耀家声莆田支裔立业开基派衍七房""荥阳称世泽庭礼高祖宦游新安宗成一本"。

（十二）元芬戴氏宗祠

大门联："注礼家声""谯国世胄"。

西汉时戴德、戴圣两人俱爱礼仪，选集古代各种有关礼仪的论述，编成《礼记》，戴德85篇，其侄戴圣49篇。因称戴德、戴圣两人为《大戴礼》和《小戴礼》（即"礼记"），后世奉为典范。

宋朝之后，以谥为氏，戴氏江南派之祖基本上是在商丘附近，没有较大的迁徙。东汉初戴冯才迁移到江西，世居谯国，故以谯国为望。

大 门

二、七字以上长联

（一）龙华观澜大水田陈氏宗祠

大 门

大门对联："后裔万里驾长车""先祖千寻抬望眼"。

（二）光明新区径口社黄氏大宗祠

大 门

大门对联："宗枝长衍万代昌""祖德永垂千秋盛"。

（三）光明新区西田广场光彩陈公祠

大　门

大门对联："亿万世子孙同存""千百年祖宗如在"。

以上堂联是直接从感恩先祖、训勉后人的角度出发，告诫子孙珍惜家族声望，努力进取，不要辱没了列祖列宗。

（四）南山墩头村叶氏祠堂

大　门

大门对联："门朝北斗墩宗怀祖千秋祀祠荐馨香""系出南阳叶茂枝繁历代源流光世泽"。

（五）南山桂庙村叶氏祠堂

大　门

大门对联："霞光彩照桂宗怀祖千秋祀祠荐馨香""系出南阳叶茂枝繁历代源流光世泽"。

正厅柱联："庙宇轩昂世蔓延天长地久""桂枝叶畅家绵远根深蒂固"。

南山墩头、桂庙两村叶氏同根同源，上联部分是对现在族裔各自所在地的讴歌，下联部分是追寻本支世系的开基祖与发祥地，他们都来自南阳郡。

（六）南山横龙岗村凤孙吴公祠

大　门

大门对联："延陵鸣瑞鸟久纵圣事来仪""渤海跃横龙直向禹门及浪"。

（七）南山南园村吴氏宗祠

大 门

大门对联："赞孝恩以锡类毓秀钟灵""铭世德之作求经文纬武"。

南山横龙岗村吴氏和南园村吴氏同根同源。横龙岗村祠堂门联追寻吴氏郡望，以示不忘故土。吴氏郡望有很多，南山吴氏以延陵、渤海作为自己的郡望，周初封吴国于江浙一带，子孙以国为姓，渤海泛指东海一带。吴国至季札时谦让不受王位，于是封地于延陵，即今常熟一带，季札后裔有自称"延陵"者，"渤海""延陵"一脉相传，系吴氏之渊源。横龙岗吴氏乃南园吴氏分支。

南园吴氏自一世祖吴洪渊去世后，有每年农历九月十六祭祖尽孝的活动，延续800年之久。南园吴氏也是南头望族，历来人才辈出，在朝为官和考取功名者达百余人，固有"赞校恩以锡""铭世德之作"的说法。

（八）南山村陈氏宗祠

大门对联："门对石龙跨海三春浪涌永称乔木人家""户迎天马凌空五彩云浮端应宝安灵杰"。

南山陈氏乃沙井陈氏支系，始祖陈朝举，北宋理学家陈襄的孙子，朱熹的高徒，晚年由南雄迁入宝安，著有《乔迁集》，所以宝安陈氏自称"乔木人家"。"晚年立家东官归德场涌口里居焉"，在海边建有锦浪楼，每每天

171

气晴朗的时候，父子兄弟就凭栏远眺，看风起浪涌。迁居南山一地的陈氏族众也凭山临海，时过境迁，石桥跨海，高楼林立，不敢忘祖宗之地。

大　门

（九）福田赵氏宗祠

大　门

位于石厦西村167号，是福田区第一批区级文物保护单位，建于清朝年间。赵氏太祖支系后裔在上旧围建了赵氏第一间家祠"福善堂"，蓝墙灰瓦，屋檐上奇异宝兽，三开两进一天井的建筑结构。

如今红色大门外有对联："善缘广结硕果子孙收""福德深种根基祖宗立"。门两边有楹联："善业阙孙谋蒸尝祭祀汴京世泽永馨香""福田缘祖德孝友仁爱天水家声增气象"。

天水（今甘肃东南部，天水堂是赵姓郡望）和汴京（今河南开封）都是赵氏皇帝发源地，也是北宋开国之都。"福善堂"深18米，有院门、前堂、正堂和两廊（1996年重修），堂内有《大宋太祖皇帝遗训》黑色石刻。石厦村老居民说这块石碑是按世代相传的族谱所刻，上面刻着："朕上世祖宗族属众多，或游宦四方，或散居州县，各占籍焉，今已疏远，纵有相遇，示若途人，心实有撼。"

（十）宝安叶氏祠堂

正堂联："南阳叶出诸梁书成海录千里回旋立福地""雾岗基开道章赋就云官万代荣昌颂家声"。

正 堂

该联既追寻本支世系的开基祖与发祥地，也弘扬祖先丰功伟业、道德文章。上联指宝安叶氏先祖迁宝安雾岗立村，开枝散叶，族上有宋朝时期的叶廷珪，宋政和年间进士，官至太常寺丞，曾任泉州知州。下联意指叶氏郡望在南阳，族上有宋时期的饱学之士叶清臣，善作文，天圣年间应试作《云瑞

173

纪官赋》，名列第二，官至转运副使、翰林学士等。

（十一）宝安曾氏大宗祠

大 门

大门对联："古今乔木第三家""天下斯文宗一贯"。

堂内柱联："徽传鲁国春秋俎豆永乾坤""圣绍尼山道德文章齐日月"。

曾氏先祖是孔子的弟子曾参，他是孔子儒学的正宗传人，继"至圣"（孔子）、"复圣"（颜回）之后的"宗圣"，在孔门弟子中排第三，称之为曾子，他以"事亲至孝，悟圣道一贯之旨"，故有"天下斯文宗一贯，古今乔木第三家"之妙联。"春秋俎豆"喻指儒家倡导的以"礼"为核心的学说，"尼山"乃孔子诞生处，"徽传""圣绍"都是指曾子对空门学说的传承与发扬。

（十二）宝安区新安上合村黄氏宗祠

祠堂内牌坊联：

"西晋伦常南粤士""六年庐墓一生心"。

"名开子舆当日里""孝传司马一朝人"。

祠堂内柱联：

"孝忠伟烈承千顷""德义书香传万年"。

"学圣学贤践履懿行承祖训""全忠全孝情倾明德报春晖"。

"勋业蔚人文祖有德宗有功强哉世泽流芳将军府""恩光凝祠宇左为昭

174

右为穆懿矣英才济美敦睦堂"。

大 门

　　黄氏先祖黄舒是南粤有名的孝子，他的父亲黄教去世后，黄舒为父亲造坟，在墓地旁搭一草庐守孝三年。后来母亲去世后，他又守孝三年。皇帝知晓后深为感动，赐"孝子"称号。黄氏孝德精神影响后世深远。

（十三）龙华清湖廖氏宗祠

大 门

大门对联："清誉纪春秋功著武威绵世泽""湖光昭日月业绳崇德振家声"。

（十四）宝安甲岸黄氏宗祠

大 门

大门对联："克绳世泽耀门庭""江夏家声扬四海"。

黄氏先祖来自江夏郡，黄克绳乃本族立村始祖。

附　录　深圳学生眼里的祠堂

红岭学子田野调查感想摘录（部分）

这次的历史调查，使我有了很多收获。原来我以为历史古迹离我们很远，但这次调查使我明白，历史无处不在。曾氏祠堂是深圳面积最大的祠堂，其独特的风格，处处弥漫着悠久的历史氛围。宗祠是历史的产物，当我们面对它时，更多的是心怀虔诚以及对它的敬畏。

整个祠堂古朴静谧，环顾四周，不由得让你放轻脚步。"天下斯文宗一贯，古今乔木第三家"出自曾氏先祖曾参的手笔妙联。走近，用手抚摸每一处石墙石柱，感受着时光在指间流逝。古老的石墙缝中依稀的荒草，有谁知道巨石的破碎成了历史的尘埃。在阳光照射下，建筑熠熠放射光芒，只是多了一份泛尘和沧桑，不禁让人感叹古人手艺的巧夺天工、惟妙惟肖。曾氏祠堂在苍茫的历史长河中，静静沉淀。

——洪秋彤《曾氏大宗祠调查》

此次曾氏祠堂之行，使我收获良多。曾氏祠堂至今已有两百多年的历史，始于清朝嘉庆年间，有着浓厚的民族色彩以及浓厚的历史底蕴，对今人有着纪念和警醒的作用。在祠堂中，对于那些对弘扬家族文化和强大氏族势力的人予以记载，同时也激励着我们要不断前行、不断奋斗，为家族增光添彩。同时，我也在思考着这样一个问题：弘扬传统文化至今还有多大的意义和作用？从微观来看，继承一个家庭或是一个氏族的传统文化，无非是想让这个家庭、这个氏族独有的文化符号使后人铭记；从宏观来看，对于整个民族——中华民族，或是这个具有五千多年传统文化的文明古国能更好的在弱肉强食的世界中生存下来。继承优良传统，铭记先人丰功伟绩，是每个中华儿女的职责。

——邱骏江《曾氏大宗祠调查》

游览完曾氏大宗祠以及浏览完相关的资料之后，我感受到了非常浓郁的历史气息。"天下斯文宗一贯，古今乔木第三家"是我刚刚到这儿就看到的一副对联，创作大气，意境非凡，让我心生敬佩。正上方挂着的一块牌匾——"曾氏大宗祠"，显得端庄大气，笔墨之间有一种沉稳厚重之感。曾氏大宗祠大致由前堂、牌楼、中堂、后堂组成。我最关注的是其中的牌匾，前堂的"保障一方"、牌楼的"大学家风"以及中堂的"大学堂"都保存很好，虽已过百年，但是气息依旧。曾氏不知曾出过多少少年英才，文武双全，这与其家学之深厚的根基分不开，而这家学也是一门历史。

——林耿《曾氏大宗祠调查》

寒假期间，我参观了位于深圳市宝安区新安镇上合村的黄氏宗祠。黄氏宗祠是深圳市级文物保护单位，环境宜人，来参观的人也不少。我认为深圳市市民对于祠堂文化还是有所关注的。

宝安的黄氏宗祠周围已被摩天高楼所环抱，上合公园已经成了商业市场——上合市场。我觉得这里已经缺乏文物保护单位的人文气息了！不过，我还是要感谢深圳市政府为保护黄氏文化做的努力！我们更应当牢记这些历史，将祖上的文化发扬光大，传承下去！

——《参观深圳宝安黄氏宗祠》

春节期间，我参观了位于深圳宝安区甲岸村的黄氏祠堂，感受颇多。

黄氏祠堂规模不大，可是麻雀虽小，五脏俱全。在祠堂大门的墙上嵌着石碑，刻着"农历乙巳年荔月重建"的字样，旧时的石柱和木门完好地镶在新建筑中，新旧融合给人一种浓厚的历史感。里面的院子摆着一个精美的铜制三足大香炉，烟雾从中缓缓飘出，给人一种香火兴旺的感觉。祠堂有人专门打理看护，可以看出黄氏家族的确对其非常重视。

祠堂墙上的石碑记载着黄氏家族的历史。黄氏始祖黄峭，生于唐懿宗成道十二年（871），卒于后周广顺三年（953）。在951年他八十寿诞时，决定让他十八个儿子迁徙到广东，并赋诗一首赠别：

> 骏马堂堂出驿方，任从随处立纲常。
>
> 年深外境犹吾境，身在他乡即故乡。
>
> 朝夕莫忘亲命语，晨昏须荐祖宗香。
>
> 惟愿苍天垂庇佑，三七男儿总炽昌。

这首诗表达了黄峭希望子孙迁徙后兴旺发达、亲情常在的心情，同时也成为一首认族人的诗。

从黄氏家族所认的始祖黄峭到现在经历了一千多年的历史，那看守的老人想必也是黄氏族人，祠堂把他们联系在了一起。千年的时光仿佛不再是漫长而遥远的，而是我们祖先一代代、一步步走出来的。

——曹海临《深圳宝安甲岸村黄氏宗祠参观记》

泱泱华夏，上下五千年的历史，孕育出许许多多的只属于我们自己的辉煌文明。比如牌坊、祠堂等古物，它们都静静地见证着历史的发展。

沈氏宗祠坐落在盐田沙头角一个不起眼的小角落，门口洒落一地已燃放过的爆竹。抬眼瞧，大红的灯笼高高悬挂在屋檐下，庄严中透露着丝丝喜庆。祠堂负责人沈爷爷用洋溢着浓浓客家方言味儿的蹩脚普通话将这座祠堂的历史娓娓道来，他的眼眸中含着敬仰，讲到激动时还会伴有手势来更好地表达他心中的感情。

这是一座新建的祠堂，2005年在族人的筹备中建成，祠堂正中间摆放着沈家始祖的神位，来庇佑这小小的沈家村。沈家人结婚或有什么重大事情时都会来神位这里拜一拜，然后燃放鞭炮来收尾。

随着时代的发展，人们思想越来越前卫，也许许多年轻人已经不屑于来祠堂祭祖。若长久发展，也许它会埋没于滚滚红尘中，不为人所知。所以我们要在清明或一些重大日子时来祭祖，为了文化的传承，也为了我们不忘记自己的祖先。一个忘记自己家族、忘记自己祖先的人多么可悲！

风从林间轻轻吹过，沙沙地说着什么。让我们走近祠堂，走近历史，去用心倾听它们的喃喃倾诉。

——侯雪聪《调查盐田沈氏祠堂有感》

"这里竟然真的有家族祠堂"这是我看到祠堂的第一想法。

或许是新年刚过，这里显得有些冷清，不过对称挂着的红灯笼依旧喜庆，衬着白墙青瓦、蓝天枯树，有种古朴的味道。我们就贸贸然地进去了。这里本就是小地方，简洁明了。除了烧香的痕迹，更让我感兴趣的是墙上石头刻着"某某捐献多少钱"。就算到了别的地方，姓氏就好像是一只无形的号角，把同族人召集在一起，继续传承血脉。

我觉得很神奇，也忽然意识到中华文化大概就因为这样才能源远流长。

——吴雨桐《调查盐田沈氏祠堂有感》

这个寒假我第一次走进祠堂，感受一个家族的繁荣昌盛、一代人的繁衍生存。

坐落在盐田沙头角不起眼的沈氏宗祠守护着当地的官路吓村民。深圳从小渔村到高楼大厦的新兴城市，沈氏宗祠也由原来的茅屋草房变成青砖红瓦。一直守护它的沈爷爷用蹩脚的普通话将家族的故事娓娓道来，一方土养育一方人，门前的柏油马路曾经是潺潺流水，家族随着深圳不断兴盛。调查期间，偶遇一个沈氏家族的大哥哥，说的也是别扭的普通话，一问才知他已留学澳大利亚多年，过年回来看望家人。先辈一番打拼给后代留下雄厚资本，沈氏家族的儿女也走向世界。但令人担忧的是，往外走的人越来越多，今后还有人在傍晚打扫祠堂、过年时在门前放着鞭炮、向外人兴致勃勃地讲述祠堂的历史吗？只愿香火不断，漂泊在外的儿女心系在此，不忘它的守护。

深圳见证了外来人口的代代传承，这座拔地而起的城市也会有历史的沉淀、文化的根基。我们一起创造。

——杨楠《调查盐田沈氏祠堂有感》

我在游历了陈仙姑祠后，觉得古时候也有许多值得尊敬的人物，虽然有许多都是神话人物，但也很值得我们去考察。现在的社会是一个高速发展的社会，我们更应该放慢脚步去回顾历史，回顾那一段祖先们尊敬的历史。每一段历史都有它独特的地方，我要做到缅怀先烈、不忘历史，在历史长河中找到那一颗颗璀璨的星星。

在这个信息化的时代，我们有多种方式置身于历史中，比如说多看一些史书、在电视中找到一些历史的痕迹，或者是回到自己的家乡去考察一下属于自己的历史，或许也会有很多奇妙的发现。

——王译《考察深圳水贝陈仙姑祠有感》

这次的祠堂调查，我们选择的是位于石厦的赵氏宗祠。祠堂被一些居民楼包围，并不容易看到，我们绕了一大圈才找到。宗祠占地不大，但装修不错，看得出来族人对这个祠堂也是很重视的。我们去的时候并没有赵氏的人在，只有一个守门的大叔，他十分耐心地告诉我们他所知的所有有关祠堂的事情，我们很感谢那位大叔给我们提供了不少关于宗祠的现况。在我们调查的时候，有两个游客也进入了祠堂，我们互相交流了一下，对祠堂的历史又有了一些新的了解，这时能碰到对历史感兴趣的人真是太棒了！这次祠堂之行，让我发现深圳并不是"文化沙漠"，像这样大大小小的祠堂在深圳还有很多。深圳并不是没有历史，祠堂里便承载着这座城市先民的"根"。另外我知道了，历史不只存在于史书上，在我们的身边还有很多可以看见、直接感受到的历史，我们应学会从社会中感受历史、学习历史，继承我们的文化。

——廖炯焘、沈雅雯《调查石厦赵氏宗祠有感》

姓氏是人立世之本，失名之人犹如行尸走肉，但身为高中生的我们却很少细想过自己名字背后的内涵及历史。本次历史作业带给我们小组调查研究这种全新的学习方式时，也通过调查祠堂使我们懂得了姓氏及家族的含义。

我们小组选择调查的是黄公祠。说实话，第一眼看到它的时候，我便对这简陋破败的小祠堂有了几分轻视。但经过长达5天的调查后，我便对它充满了敬意。它象征的是一位值得尊敬的先辈，是一个值得尊敬的家族。由此，我也联想到了自己，我的祖辈、我的家族，又有着怎样的过往？

每一个姓氏背后都有一段值得探索的历史，这次的历史作业不仅让我了

181

解了一座祠堂，更让我了解了祠堂或者说姓氏背后的意义。这份作业，我终生难忘。

——陈墨轩《调查梅庄黄公祠有感》

趁着放假，我和同学们参观了博物馆，参观了各式各样的祠堂，增长了知识，开阔了视野，更加了解了我们先辈们的历史。进了博物馆，我们率先来到了祠堂。我对此很感兴趣，怀着好奇心开始了参观。阅览客家祠堂，如同阅览一卷绵长的历史画轴。而祠堂文化作为一种具有地方特色的民俗文化，既蕴含淳朴的传统内容，也沉淀着深厚的人文根基，还能从这里寻找到人类前进的足迹。

——张琳《参观鹤湖新居客家民俗博物馆记》

曾氏大宗祠是一处汉族祠堂建筑，属于汉民族祭祀祖先和先贤的场所，坐落于宝安区沙井街道新桥社区深巷路北，与观音天后庙、古乔曾公祠和武术馆形成建筑群体。始建年代有待考证，现建筑是1798年大规模扩建而成的，代表着汉族祖先信仰的优秀文化形式，具有较大的影响力和历史价值。祠堂庄严神圣，有一种神圣不可侵犯的感觉。我初次步入，那里的气息使我严肃起来，不敢大声喧哗，和父母交流时也只是轻声细语。那里的格局和常见的祠堂一样，只有祠堂两边的墙壁上有点不同，上面刻有描述曾氏先祖曾参的对联："天下斯文宗一贯，古今乔木第三家"。

因为他以"事亲至孝，悟圣道一贯之旨"，故这对对联有妙联之称。

此次祠堂之旅意义非凡，深刻印入我脑海之中。

——易文宣《调查曾氏大宗祠有感》

我是在深圳长大的，所以我对深圳有着非常深厚的感情。前人讲究建祠谨记先祖功绩，继承前辈的恩德。有文章写道："居则容膝可安，而必有祖祠、有宗祠、有支祠。"（陈盛韶《问俗录》）。

可见，祠堂是一个家族不可或缺的重要设施。张家村重建祠堂，弘扬传统文化，维系族人情感，亦为发展旅游新添一景点，善莫大焉！

我知道所有的深圳人都与我一样，希望这个城市越来越漂亮，但漂亮的外表下也要有着丰富的文化底蕴，更希望这些文化底蕴不被改造而摧毁，世世代代把祠堂文化传承下去。

——余世杰《调查曾氏大宗祠有感》

曾氏大宗祠在深圳这个繁华的大都市中是一道别样的风景。在这个匆忙前行的年轻城市——深圳，这样的一个传统祠堂能保存到如今实属不易。

祭拜的含义是崇敬和缅怀，感悟宽厚与仁爱，是继承和发扬，而不是寻求祖先的庇护和保佑。敬祖是活着的人对逝去的人的追念，是人类特有的精神依托与精神安慰的传承。一个人如果不思进取，每天都只是跪在祖宗的灵前，很虔诚、很恭敬地祈祷祖先来保佑庇护，而不去劳动创造，结果只能是饿死。所以明确祠堂的现代作用，意义是十分重要的。

——梁辰《调查曾氏大宗祠有感》

"欣赏一座古祠堂，犹如穿越一段历史的长廊；会晤一座古祠堂，犹如聆听一位苍老明世的长者心声。"这是不少人欣赏完古祠堂后的感悟，现在的我正是如此想的。来到这里，我仿佛回到了几百年前，尽管这个家族与我没有任何的联系，但在心灵的穿越碰撞中，我感受到了几百年来历史的沧桑。

——刘浩铭《调查曾氏大宗祠有感》

走进祠内，祠内祀南宋民族英雄文天祥，楹柱刻有许多佳联，现介绍两联于下："花外子归燕市月，柳边精卫浙江潮"。"久要不忘平生之言，古谊若龟鉴，忠肝若铁石！敢问何谓浩然之气？镇地为河岳，丽天为日星！"第一联摘自明代诗人边贡谒文山祠诗，文字壮丽，令人读后想见文天祥当年慷慨悲歌、从容就义的凛然气节。"柳"原作"水"。第二联语气豪迈，也切合人物身份。祠堂留给后人的是不可再生的精美建筑艺术，它们具有历史研究价值、珍贵的文化记忆以及浓厚的民俗文化传承。随着时间的流逝、社会的发展，这些矗立了数百年甚至上千年的祠堂建筑，有的被破坏，有的失去了其意义。我们参观祠堂，不应该只顾拍照，更应进一步探求它们所具有

的象征意义和文化特性，从而更好地保护它们、传承它们。

我觉得学校或者家庭应该多组织这些有意义的活动，让更多人能够感受中国的民俗文化，体会到传承文化的重要性。

——李旭晴《调查信国公文氏祠有感》

后记

　　深圳的变化之大，四十年时间，从一个农业边陲小镇转变为现代化的大都市；传统文化生命力之旺盛，在现代都市的每一个角落都有它的存在，甚至借着现代科技而生机焕发。

　　我们对深圳祠堂的关注由来已久。那还是2013年秋，我和吴磊老师应华中师大教育学院邀请去讲课，在高铁上我们聊起如何利用深圳的地方文化资源对学生进行传统文化教育。我提到了深圳各村落大量存在的祠堂，吴老师非常赞同。她是一个执行力很强的人，回来以后就督促我拟订计划，安排调查任务，这样就开始了对深圳祠堂长达近十年的调查研究。而我是一个很"懒惰"的人，再加上工作等其他原因，对手上积累的资料处理时断时续，如果没有吴老师的督促，是很难有今天结果的。

　　在深圳这些年，吴老师于我是亦师亦友，她对工作室成员从不强加任务，而是身体力行、以身示范。在她的感染下，我不好意思停步。祠堂研究这项工作在拟定计划后，她当年就率工作室成员双学锋、尹凤等老师先后在红岭中学初、高中开展宗祠相关的研究性学习，甚至亲率已经毕业多年的红岭学子共同参与宗祠的实地调查。吴磊工作室其他学校的成员也积极响应，如第二实验学校的陈箐老师按计划组织学生进行了大范围的假期调查。

　　本书资料的集结，参与者包括深圳多个学校、多个年级学生，实地考察的祠堂涉及深圳地区的各类祠堂约上百座，学生完成调研报告几百份，累计照片资料三千多张。

　　2015年，吴磊老师和我指导学生共同参与的"深圳城中村祠堂现状调查"课题立项。我们以此为重点，扎实开展小课题研究，后来该课题还获得深圳市首届学生优秀课题评比一等奖。在这个过程中，我们与学生一起参阅

大量资料，反复步行于深圳的各个村落，走访一些原住民。在多年实地调查工作的基础上，师生发掘整理了大批的祠堂文化资料。为便于更多的特区学子了解身边的历史，我们萌生了把这些宝贵的调研资料集结出版的想法。

在祠堂调研过程中，我们累并快乐着。累是因为对每一个祠堂我们都要实地调查，而祠堂相对来说是一个仅面对所在地原住民的空间，调查的时候要么关着门，要么不让拍摄。最大困难还在于文献资料缺少，每一次走访要寻找到知晓本村本族历史的人。一般对祠堂历史知道一点的都是本村年龄较大的老者，由于语言不通，给交流带来很大不便。印象较深的一次是在福田村走访，好不容易碰到一位热心的老人，因语言问题临时在路边寻找多位会白话的行人求得翻译才获得一些信息，有时一个祠堂要反复跑几趟才有可能有所收获。快乐是因为大家对自己的工作有兴趣，最重要的是这种学习方式会给我们带来很多惊喜、震撼，对一个生活在现代都市的人，能近距离触摸传统文化，感知深圳的昨天，那种感觉是语言无法言表的。

深圳地区祠堂之多，原有老村落几乎每一个村都有一个或数个祠堂，有的保存完好，有的坍塌消失在城市化的进程之中。我们不可能穷尽每一座祠堂，没能进入我们调查中的祠堂还有很多。有些祠堂我们走访多次，因各种原因未能亲密接触，还是留下不少遗憾。

我们不是该领域的专家学者，调研的初衷就是想对祠堂及周边物质文化和非物质文化进行发掘和保护，形成可传可讲的文化故事、可见可留的实物影像，让祠堂作为社区传统文化教育的重要组成部分，成为中小学传统文化教育的阵地。同时通过发掘寻根文化，提高学生对中国历史文化的认识，摸索学生传统文化教育的新途径。

由于精力和能力有限，我们此次整理出版的深圳祠堂的资料只是浮光掠影，很多信息不尽完整，留待今后我们继续完善，并恳请得到大家的批评指正。